梁再冰南下参军前与爹爹妈妈合影

梁思成与林徽因

我的父亲母亲

梁再冰　口述

于　葵　执笔

庞凌波　潘　奕　整理

中国建筑工业出版社

目录

写在前面

梁再冰

今年是我父亲梁思成诞辰120周年。我至亲至爱的爹爹离开我已经50年了。可是在我的心目中，他依然还是那位满头乌发、调皮风趣的"不老"父亲。从爹爹出生到今天已是两个甲子过去，随着他的身影渐行渐远，他一生的轮廓却变得愈加清晰完整。

回望父亲（梁思成）的一生，他曾历经苦难，也遭受重创，但是父亲也很幸运，他有梁启超这样一位不同凡响的父亲，他有母亲（林徽因）这样一位非凡的知音伴侣。当我提笔开始回忆父亲和母亲时，我感觉爹爹和妈妈是一体的，他们是一对难以分割的学者伉俪。

父亲和母亲有着相似的家世，他们都曾受教于各自文化大师父亲（梁启超、林长民）的膝下，是他们最爱的"宝贝"儿女。他们的人生道路都有幸福和欢乐，也都曾陷入绝境；他们有共同的求学经历和共同的兴趣，这也指引他们找到了共同的事业方向并为之奋斗终生；他们对建筑艺术与文化有着同样执拗的追求和痴迷；在那个动荡的年代，他们一次又一次作出共同的选择，成功时分享欢乐，艰难时绝不退缩，带领全家携手共度。

父亲和母亲一生感情深厚。他们相识之初，让父亲心动的不仅是母亲灵秀的面容和闪亮的双眸，更吸引他的是母亲特有的艺术灵气，还有她对建筑艺术与文化的认识和独到见解。父亲后来说过，当年他曾酷爱美术雕塑，是母亲引导他认准了建筑师这个职业，对建筑艺术和文化的共同热爱将他们二人的事业与爱情紧密相连。从此他们一起坚守事业，纵然遇到千难万难，终生不改其志。母亲去世后，父亲亲手将"建筑师林徽因"这几个字铭刻于她的墓碑上。

爹爹和妈妈对他们所选择的事业与艺术都有一种对境界的追求，他们都抱有一种执拗和不屈的精神。他们的建筑研究充满着人文情怀，却也有着各自不同的艺术表达。父亲可以用严谨的工程制图准确地为中国建筑图标解析，图说一部中国建筑史和"辞典"；而母亲林徽因热爱用优美的文字将建筑科学与艺术植入散文甚至诗歌中尽情地表达。尽管他们性格迥异，但却表现出高度的互补和高度的一致，他们在一起堪称天作之合。

对我而言，他们是慈爱的父母。他们挚爱自己的儿女，他们给予我的爱可能比一对普通的父母更多、更深。他们是我人生中最初的老师，领着我从少不更事走到长大成人，他们的文化修养和学识留给我的精神财富，远比其他任何老师留给我的要丰富、持久。他们也是我的朋友，是我最早和最特殊的朋友，同其他朋友相比，他们是两位更能给我以支持、启发和鼓励的朋友。

从小到大，我的爹爹梁思成是我最喜欢亲近的"老友父亲"，他总是耐心聆听我的感受，很少板起"父亲的面孔"训人。妈妈林徽因是我人生中最重要的导师和最贴心的朋友，她喜欢"对小牛弹琴"，总是兴致勃勃、平等地同我们小孩谈天说趣。我也一直是他们聚会上一位忠实的小听众。

从我记事起，我们的北总布胡同四合院家中总是回荡着亲朋好友的欢声笑语，这里有着许多温馨美好的琐事，直到八十年后的今天还记忆犹新。平日里，爹爹和妈妈在一起总有着说不尽的话题，他们不是在讨论就是在争论，常常兴趣大到"不管不顾"地将我们小孩子"晾在一边"。有时他们的话题也会升级为互不相让的"争斗"，随即又转为朗朗笑声，临近尾声又或许变成互相补充的理性"研讨"。

聚会上，妈妈非常健谈，她总是滔滔不绝，不同于爹爹的平静和严谨。妈妈总是一边想一边说，思维轨迹清晰可见。谈话间，美丽的妈妈神采飞扬，明眸闪亮，光彩照人。爹爹常常笑而不语，耐心而有兴致地在一旁倾听。不过每当爹爹开口说话，他可是不言则已，出言则诙谐幽默，让人捧腹！

无论是北平四合院里的马缨花树下，还是日后战火硝烟中的陋室小庙，爹爹妈妈与亲友间那永恒而又不停移动的"梁家下午茶聚会"，总是如影相伴，这里既是他们思想交流的园地，也是我学习的课堂。我时常听着聚会上他们讨论时局，探讨学术，畅所欲言，和他们一起唱《义勇军进行曲》……随着长大，我愈发体会到，在这样一个求知好学、思想活跃的氛围中，无论年轻年长，我们都可以永远年轻，因为我们可以活到老学到老。

妈妈堪称一位非凡的女性，但在女儿眼中，她依然有着普通家庭"慈母手中线"的模样。儿时她为我亲手缝制漂亮的布娃娃，是我最爱的伙伴。成年以前，我的许多衣裙都是妈妈亲手缝制，直到我怀孕，她又为我孕育的孩子亲手制作小衣裳，她的一片慈母心温暖着女儿的一生。我的爹爹更是有着一双巧手，北平四合院家中，他为我设计了我最爱的"儿童房"，所有的书桌书柜都是他亲手打造。

年幼时，我非常依恋他们，他们外出考察古建筑时，我就搬个小板凳坐在院门口等着他们归来，好不容易盼到父母回城，他们不是忙着晒图绘画，就是埋头于图书文献中。那时照片中所见到的父母，不是在房顶攀爬，就是坐立于大梁斗栱之间。他们在那些年久失修、几乎腐朽的梁柱上爬上爬下，在那积满千年尘埃的屋顶间钻进钻出。他们一个有脊椎腿骨之痛，一个身染肺疾重痾，他们攀山越岭，丈量测绘，其实要比常人忍受更大的痛苦和折磨。

抗战期间，我们一路西迁，旅途艰难困苦还常常险象环生，这一路也是我与父母朝夕相处、接触最为密切的一段时间。从8岁到16岁，这也是我人生中最重要的学习成长时段，我为有这样一对父母日夜相伴而深感幸运。他们以身作则示范传承家学，他们少有大道理说教，只有身体力行。他们用自己做到的一切，告知儿女应该如何面对危机，如何面对生活的突变，如何坚守自己心中那份挚爱……他们是我学习的楷模，我从他们身上看到了许多，也学到了许多。

那时当我们的生活变得一贫如洗，给我印象最深的是，爹爹妈妈好像满不在乎，很少看到他俩愁眉苦脸的，却常见到他们互相调侃，一副苦中作乐的模样。我觉得爹爹和妈妈有一种与生俱来的寒士精神；无论生活沦落到怎样的底层困境，他们那股子"精神头"却始终傲然而立，从不曾消失。

他们在李庄阴潮漆黑的小屋内，手不释卷地作着中国建筑史的研究和紧跟世界建筑发展趋势的大学问。那时他们其实已深陷山穷水尽、断炊断粮的困境，他们应该有太多的理由可以放弃事业去改善生活，但他们却执拗地坚守在中国营造学社的阵地上。因为他们是一代有着高度社会责任感和强烈文化使命感的学者。他们视自己为守护文化阵地的战士，不惜牺牲一切，也要坚守下去，无论面对怎样的贫苦，忍受怎样的磨难，他们都无怨无悔，义无反顾。

这一路相伴，让我深感幸运的是，我有两位特别的"家庭老师"。他们随时随地为我和弟弟亲授经典名著。在昆明小院里，爹爹为我讲解《左传》，他生动的答疑解惑，将那些篇章深深铭刻于我的脑海中，至今我皆可随口背诵；他解析的长篇唐诗《琵琶行》，每一句入情入景，甚至有曲调有动作。而李庄妈妈的病榻前，则是影响我一生的文学课堂。妈妈解读杜甫诗句，入情入景的诵读，将我从李庄一隅带进兵荒马乱的唐朝，让我们与这位"诗圣"一同感受着千百年来战争带来的苦难和哀伤。

妈妈在李庄第一次给我讲授祖父梁启超的文章，爹爹在旁提醒我"最难为名父子"，他要我牢记祖父的思想精髓就是自强自立，不要以"名人之后"自居，要一辈子做好自己！

如今，爹爹和妈妈这两个曾经给我以生命的人都已经去世许多年，我的年龄已经远超过爹爹和妈妈在世的年龄，但回顾往事，心情仍不能平静，完全控制不住自己……

作为女儿的我，今天有义务把我所记得的有关他们的一生，告诉关心他们事业和生平的人，为他们的传记做一个注脚。

此书献给我的父亲和母亲（梁思成和林徽因），我最亲爱的爹爹，我最亲爱的妈妈。

女儿永远怀念你们！

（一）

家学传承

父亲家世

我的父亲梁思成和母亲林徽因有着相似的家世，他们都有着不同凡响的父亲——祖父梁启超和外祖父林长民——两位都是中国近代史上的重要人物。两位父亲是挚友，爹爹和妈妈两人的相识相爱也是父辈友谊的一种延续。在家中，两位父亲都是孩子们的心灵导师和贴心老友，都是让孩子们倍感亲切温暖的慈父，却又都在儿女尚未到而立之年时，在亲人的震惊和万般不舍之中，突遭病故，先后猝然离世。

梁再冰4岁在祖父梁启超墓前

我出生于1929年夏天，爹爹和妈妈为我取名"再冰"，以此纪念同年刚刚去世的祖父梁启超——号任公，"饮冰室"的主人。1929年1月19日，一向健康乐观、精神矍铄的祖父梁启超突然崩逝，这让全家人震惊不已，悲痛欲绝。此时刚刚留学归来的爹爹正值事业开端，他和妈妈赶赴东北，创立了东北大学建筑系，在那里安下了我们的第一个家。妈妈和爹爹在这里一同创

梁启超55岁照，赠林徽因   梁启超56岁照，赠梁思成

业，她同时也在孕育着新的生命，这是爹爹和妈妈成家立业之始，也遵承了祖父梁任公的心愿和期盼。正当父亲和母亲迈向人生起步的重要时刻，他们却意外痛失这位亦师亦友的父亲。

在今天的香山植物园内，当年刚刚学成归来的父亲梁思成为祖父梁任公献出了回国的第一件设计作品——梁启超墓园和碑亭。

我的祖父梁启超，是中国近代著名的启蒙思想家、政治活动家、国学大师、新文化运动的倡导者和推动者。他对世界的变迁和新文化运动的内涵有着极为深刻的认知和理解，他以"非凡的精神活动和自成一格的文风"影响也造就了后辈中国新型知识青年。梁任公培养新民，身体力行从自家做起。他有九个儿女，对每个儿女都寄托着深深的父爱。祖父是一位充满感情之人，他对子女们爱得至深至切："你们须知你爹爹是最富于情感的人，对于你们的爱情，十二分热烈。"祖父将自己的人生感悟，用最温婉的方式传递给孩子，他是孩子们心中的楷模，也是他们最亲近的慈父。祖父将自强不息的人生理念深植于每位孩子心中，教导孩子们好奇、求知、向上，他与孩子们分享做学问的乐趣，同时引领孩子们探索各自的求学之路。作为慈父他在为孩子们遮风避雨的同时，更鼓励后代勇敢直面人生困苦，倡导中国传统的寒士精神："爹爹虽然是挚爱你们，却从不肯姑息溺爱，常常盼望你们在苦困危险中把人格能磨练出来。"

祖父尊重孩子们自己的择业选择，当孩子们感到寂寞彷徨之时，他是孩子们倾诉的对象，也是引导他们战胜恐惧、摆脱困扰的智慧先师。他对孩子们说："我所做的事，常常失败——严格的可以说没有一件不失败——然而我总是一面失败一面做；因为我不是在成功里头感觉趣味，就在失败里头也感觉趣味。""我每历若干时候，趣味转过新方面，便觉得像换个新生命，如朝旭升天，如新荷出水。我虽不愿你们学我那泛滥无归的短处，但最少你们参采我那烂漫向荣的长处。""我是个主张趣味主义的人，倘若用化学化分'梁启超'这件东西，把里头所含一种元素名叫'趣味'的抽出来，只怕所剩下的只有个0了。"

诚如祖父信中对孩子们所说："像你有我这样一位爹爹，也属人生难逢的幸福。"梁家儿女们的确很幸运，他们有一位至情至理的爹爹，他温暖、亲切，充满仁爱和责任，他言传身教，为儿女们注入了探索求知的新元气和力量，这种元气和力量推动着儿女们作出各自人生的选择，而且从此不惜一切，终其一生执着于他们的选择，最终个个走出一条属于他们自己的精彩人生之路。

祖父对孩子们的言传身教，其实也继承了他的祖父和父辈的教诲。在祖父早期受到的教育中，他慈祥的祖父、严格的父亲、温婉的母亲，这三位长辈对他的一生也堪称影响至深。他们所给予他的家庭温暖和慈爱，给予他做学问和做人方面的重要指导，不仅引导他成为品学兼优、出类拔萃的人才，也使得他对家人挚友常怀着深厚的情感，心底敞亮，胸怀豁达，有着阳光爽朗的迷人性格。

青年梁启超于书案前

　　祖父梁启超1873年2月23日出生于广东省新会县乡茶坑村，一个半耕半读的小乡绅家庭。梁启超第一位启蒙老师是他的祖父梁维清。高祖父梁维清曾历经多年苦读有幸中了秀才功名，做过一个八品小官教谕（县文化教育事务管理差事）。高祖父一介书生，无从适应官场生活，为官不久便辞职回乡教书，购置十几亩田产，在茶坑村过起了耕读生活。高祖父非常重视儿孙教育，自建一间小书房用作子孙们的教育。在诸位子孙中，他爱孙儿启超"尤甚"，祖父四五岁即开始在高祖父和曾祖母指导下读"四书"与《诗经》。祖父年幼时多伴于高祖父身边，白天随高祖父玩耍，在曾祖父母身边读书；夜间与高祖父同榻而眠，听高祖父讲历史故事。高祖父喜欢讲历代英雄豪杰、学者硕儒的故事，当讲到宋代、明代亡国之痛，那些沉痛的往事给年幼的祖父留下了刻骨铭心的记忆。

　　祖父的父亲梁宝瑛是家中第三子，高祖父对他要求极严，时刻要他刻苦攻读，博取功名。然而曾祖父梁宝瑛苦读一生，从少年孩童学至两鬓斑白，依然不曾科考中第。虽然曾祖父仕途不顺，未曾博得功名，但他退居乡里，成为茶坑村的私塾先生，是一位很好的教书先生。在乡间，他颇有威望，热心当地公益；在家中，他勤于教子，严守伦理道德，家风淳厚。祖父的母亲赵氏，出身书香门第，她的祖父曾中举人。曾祖母赵氏粗通诗书，勤劳干练，她常教邻里姑嫂姐妹读书认字和做女工，曾祖母以"孝贤"闻于乡里。祖父任公早年识字多是曾祖母赵氏所教。曾祖母对他的品行培养尤为重视，据祖父回忆，曾祖母平日对待孩子总是软语温言，满目含笑，但一旦发现孩子说谎，却是厉声警告："人无信不立，说谎或将为盗贼和乞丐。"这番"敲打"让祖父于多年之后依然铭记于心，他不断提及此事，告诫后代。这位温柔忍让、贤淑聪慧的母亲对祖父的一生有着深厚的影响。

祖父梁启超的童年生活物质上虽然并不富足，但却受到良好的启蒙教育，生长于一个充满关怀却非宠溺的家庭，有着"爱之弥深，责之弥严"的传统家庭教育和温暖慈爱的家风。这样的家庭环境和教育对于他日后那种能够推己及人、充满仁爱和关怀、心胸坦荡豁达之魅力人格的形成，有着密不可分的重要影响。

少儿时的祖父在曾祖父的私塾中学习《中国略史》和《五经》等课程，开始接受比较系统的中国历史知识。他天资聪颖，又受到良好的家教，学业大进，祖父自述中说到自己"八岁学为文，九岁能缀千言"。1884年冬天，11岁的祖父梁启超一举考中秀才。由于家贫，祖父家中除了《史记》等藏书甚少，所以儿时的祖父对《史记》几乎烂熟于心，直到数十年之后，《史记》一书中的文章他仍能够"成诵八九"。

1885年，祖父离开本地到广州求学，后转入闻名遐迩的广东五大书院之一——学海堂求学，在这里他如饥似渴地学习，涉猎大量典籍，接触各种学术流派。1889年，年仅17岁的祖父在广州参加乡试，考中广东省举人，名列第八名。正主考官李端棻，是贵州人；副主考官为福建人王仁堪。两人都很赏识祖父的学识与才华。

两位祖母

　　我的祖母李蕙仙，是贵州人，出身于清末官宦之家。她的父亲李朝仪于清道光八年，曾授永定河道，署按察使。为官期间，李朝仪主持河道治理等大型朝廷工程，因为官清正，成绩卓著，连获提升，官至顺天府尹。李朝仪是李端棻的叔父，子侄之中他独爱李端棻，视如己出，待之甚厚。李蕙仙的堂兄李端棻为清同治时期进士，历任学政、侍郎、礼部尚书等职。李端棻在近代中国变法维新运动和教育变革中都起了重要作用。他提倡教育，推广学校，在京师设立大学，各省设立中学，州县设立小学，同时注重科学，创立仪器院（即"科学馆"）。但由于他后来一直支持变法维新运动以及与祖父梁启超的亲属关系，在"戊戌变法"失败后，李端棻被发配新疆，途经兰州时因重病获准回乡，其后在贵州去世。

　　李端棻曾以内阁大学士衔乡试广东。在乡试中，李端棻非常赏识梁启超的文章和才华，因而决定把堂妹李蕙仙许配给这位才貌双全的小伙子。科考后，1891年祖父在曾祖父的陪同下，前往北京与名门闺秀李蕙仙完婚。婚礼在北京李家举行，由李端棻亲手操办。听爹爹讲，有些忐忑的祖父梁启超第一次见到祖母李惠仙时，看祖母手捧一本书正在阅读，祖父对此大为满意"放心"。从此祖父不仅有了生活的伴侣，而且又多了"闺中良友"，一位事业的同路人。

　　祖父来自广东，地方口音很重，大大影响了他在社会上的交往，祖母教他讲北京官话，祖父信中说："我因蕙仙谙习官话，遂以驰骋于全国。"对祖母的感激之情，常溢于言表。

　　祖母虽然出身名门，但婚后她随祖父回到新会寒素之家，不曾有过任何抱怨，竭尽全力忠其长媳之责。祖父在《悼启》一文中赞述："先室李夫人，实贵筑京兆公讳朝仪之季女，累代清门，家学劭茂。……启超故贫，濒海乡居，世代耕且读，数亩薄田，举家躬耘获以为恒。夫人以宦族生长北地，嫔炎乡一农家子，日亲井臼操作，未尝有戚容。"

祖母虽是大家闺秀，但并无娇气。她遇事表现果断，而且是一位很仗义的女子。1898年，戊戌变法失败，祖父只身亡命日本，新会老家也遇查搜，境遇艰险，祖母带着大姑梁思顺避难澳门，曾祖父梁宝瑛也带着其他家属一起避居澳门。祖父惦念着家眷的安危，去国之初在家信中对祖母说："南海师来，得详闻家中近状，并闻卿慷慨从容，辞色不变，绝无怨言，且有壮语。闻之喜慰敬服，斯真不愧为任公闺中良友矣。"当时，祖母在极艰难的情况下，代夫婿服侍老人，抚养幼女，使祖父非常感动，在信中不断地表露感激之情和敬佩之心。

我的另一位祖母王桂荃，是祖父梁启超的第二位夫人，四川人。儿女称她为"娘"，我们孙辈称呼她为"婆"。她出生贫苦，随祖母李蕙仙来到梁家。儿时虽没有机会读书识字，但她勤奋好学。在日本，婆很快学会一口流利的东京话，她既是祖母的得力助手，也承担着一大家人的饮食起居的繁重责任，她用一片慈母之心细心照顾着每一位孩子。爹爹梁思成虽非她亲生，却是在她无比疼爱和精心照顾中成长的。爹爹敬她如亲生母亲，说她是一位"不寻常的女人"，说她"有见地，有才能，既富有感情又十分理智的善良之人……"最让家人痛惜落泪的是，在婆最后的岁月里，她历经磨难，含恨而去，没有留下遗骨。梁氏家族全体子女后代决定，在梁启超墓园内种下一株树以此表达"后人见树，如见其人"的怀念之情。

1994年我受五叔梁思达和八叔梁思礼等长辈指派和家人的委托，特别为婆撰写了"母亲树"碑文。

为纪念梁启超第二位夫人王桂荃女士，梁氏后人今在此植白皮松一株。

王桂荃（一八八六至一九六八），四川广元人，戊

每当我来到香山植物园，走进这座由爹爹梁思成亲手设计
的梁启超墓园，望着祖父祖母的墓碑，站在已经枝繁叶茂的白皮
松树下，回望着家中前辈们的身影，想着他们那坎坷而丰富的人
生，一帧帧鲜活的画面跳跃而出，不由让人心潮起伏，思绪万千。

父亲在日本

1898年戊戌政变爆发，祖父梁启超与康有为并称"康梁"的
维新变法失败，被迫去国流亡。1901年4月20日，我的爹爹梁思成
出生在日本。爹爹是祖父梁启超的次子，因伯父早夭，所以爹爹
实际上是五兄弟中最年长者，即家中长子。当时在日本，他还有
姐妹弟弟四人。父亲回忆他在日本的生活时说，那时他生活在一
个安静的家庭环境中，常常和姐妹弟弟、堂兄弟姐妹们在一起玩
耍，日常起居有日本仆人照看，学习则是进入当地的华侨学校。
后来回忆这段日本生活时，他曾写道："大约6岁时，我们搬到了
须磨，住在一座华侨所有的别墅里，它有一座大花园，连着一片
直通海滨的松林。我父亲把这地方叫作'双涛园'，因为我们在这

梁家在日本，左一为梁思成

梁思成在日本

里既能听到波涛声，又能听到松林中的风声。我同我的兄弟姐妹们从家里徒步走到通往神户的铁路车站，去神户同文学校上学。"爹爹在日本度过了童年，直到11岁才同全家一起回到国内。

在双涛园里，祖父一家人在这里开启了日后梁家特有的"梁家学堂"。祖父和两位祖母以及孩子们——"双涛园群童"，包括爹爹梁思成、大姑梁思顺、三叔梁思永、四叔梁思忠、三姑梁思庄，还有堂兄弟姐妹等，一起相伴于双涛园生活和学习。祖父在日本时，每日手不释卷，埋头于著书办报，或四处奔波参与各种活动，但是只要稍有闲暇时间，他就要和孩子们围坐在一起，天南地北地给他们讲故事、说经典。祖父喜欢给孩子们讲家乡的故事。广东新会是祖父的家乡，这里的崖门是宋王朝覆灭后，南宋大臣陆秀夫在元军追击下，背负幼帝葬身大海之地。这段故事在当地百姓中流传了几百年。祖父声情并茂的讲述给年幼的爹爹留下了深刻的印象，也深深触动了他的民族意识。

爹爹常对我说，他小时候最怕的就是亡国，怕帝国主义瓜分中国，怕当亡国奴。可能是由于爹爹生长在国外，而当时我们的国家正处于巨大的忧患之中，在祖父的思想影响下，爹爹自幼就有一种深刻的民族危机感，在他后来的一生中，他最盼望的就是中国能够强大起来，不再受列强和异族的欺压。

1911年，辛亥革命胜利，满清政权被推翻了。1912年，祖父结束了长达十三年的流亡生活，全家人一起从日本回国。爹爹他们随祖父先在天津住了半年，后来搬到北京，住在北海一带。爹爹对这里的团城、后来被拆除的"金鳌"和"玉蝀"两座牌楼以及东面的景山等都非常熟悉，这里也是北京最美丽的地区之一。爹爹对北京的感情从此时便已开始。后来，当他了解到北京是世界上仅存的一座完整古都时，这种感情就更深了。他的这种感情后来也传染了我。在我很小的时候，爹爹妈妈带着我游遍北京。爹爹带着我登上景山，让我从北京的这一"中轴线"上，向东、西、南、北四方望出，鸟瞰全市规划。爹爹对北京所怀有的深情和自豪很让我难忘。

清华学堂

回到北京后，爹爹曾进入汇文中学读书，约15岁时，他进入清华学堂中等科学习。八年清华学堂的学习和生活，培养了爹爹丰富的兴趣和爱好，形成了他乐观开朗的个性，也培育了他严谨求真的科学精神。爹爹说过："我非常感谢母校对我的培养，那时学校在生活上对我们管得很严……但另一方面学校提倡各种社团活动，对培养学生的民主精神，对学生的全面发展很有好处。"

爹爹的同窗好友陈植伯伯回忆爹爹是"性格爽直，精力充沛，风趣幽默……思成很善于钢笔画，构思简洁，用笔或劲练或潇洒"。爹爹曾在1922—1923年在清华年报任美术编辑，是1923届毕业同学册的美术设计和插图作者。在清华学校，爹爹除了学业优异外，还有着广泛的兴趣爱好，他在校内参与各种活动，十分活跃。他学过小提琴、钢琴，他是清华管乐队队长兼第一小号手，还是清华学堂歌咏队队员，合唱团里的第二男低音。虽然后来我所熟悉的爹爹腰椎要靠铁架支撑，但他告诉我，当年在清华他是体育大师马约翰先生的爱将，还曾是颇有名气的足球健将，在全校运动会上得过跳高第一名。他的体操也十分出色，单杠、双杠技巧在同学中出类拔萃，尤其爬绳技巧更是了得。我小时候常攀吊着父亲的手臂，觉得爹爹的臂膀超级有劲。这些早年的训练给他日后野外考察、攀爬梁柱测绘古建提供了重要的身体素质基础。

爹爹进入清华学堂，接受"中西文化荟萃一堂"的教育。他早期的学校教育，秉承了祖父梁启超的新民教育理念。祖父要求自己的孩子在校接受西方文化科学教育的同时，不可丢掉中国的传统文化，不可让知识结构片面化。从1914年开始，祖父应聘到

Art Editor   Manager   Photo Editor

梁思成（左一）在清华学堂做艺术编辑

梁思成（前排左五）在清华学堂参加歌唱团活动

梁思成（后排左一）在清华学堂参加军乐队活动

清华讲学。据爹爹的同学梁实秋先生的一篇生动的回忆——《记梁任公先生的一次演讲》，那时候的青年学子对学问精深、感情奔放的梁任公无不怀着无限的景仰，"这一篇讲演分三次讲完，每次讲过，先生大汗淋漓，状极愉快。听过这讲演的人，除了当时所受的感动之外，不少人从此对于中国文学发生了强烈的爱好。"据说，祖父讲课时，爹爹常坐在第一排，黑板写满了，祖父就喊一声："思成，擦黑板！"为了增加孩子们对新史学的认知和热爱，祖父推荐了英国著名作家威尔斯的《世界史纲》，让爹爹和三叔梁思永参与翻译了这本书，其后商务印书馆正式出版了这部译著。祖父希望孩子们通过编译实践，学会用新的思维和观察方法去接触世界历史，同时也通过文字编译对他们的中英文写作能力加以测试和培养。

国学讲堂

在祖父天津的家中，有一个爹爹很喜爱的家庭习俗：每晚六点半，全家都要围坐于一张大圆桌周围，听祖父在饭桌上天南地北不停地讲。爹爹回忆说："当孩子们在大约二十分钟内匆匆吃完晚饭时，父母亲则啜饮着老酒。饮酒是慢吞吞的。大约总有一个小时，父亲会谈论他正在写作的题目：诗人或其他人的传记、历史、政治哲学、古典文学、儒家学者，以及其他学派的学者。这时候他重又集中注意国学的研究。"在这个梁家的"夜校食堂"上，谁先吃完饭谁可以走，有时最后就剩下祖父和祖母，他们依然在那里兴致勃勃地聊天。这个由来已久的"家庭群童会"或说是梁家"夜校食堂"后来一直在家中继续着，不曾中断。这也是全家人最为快乐惬意的时刻，大家无拘无束地围坐一堂，聆听祖父的高谈阔论，畅所欲言交流各自的想法，这个"夜校食堂"无疑是一块有趣的家庭学习园地，孩子们有幸受到这样一位"天才"父亲的指点和启发，跟着他一起思考冥想，敞开心扉和老父及亲友们在这里争辩，在这里他们学会了聆听和提问，不时受到老父酣畅快哉的激情鼓励。爹爹说，那时他也常常有意无意地模仿着祖父热情的表述。

1920—1923年间，爹爹在清华学习时的每个暑期，祖父都特别为暑期的孩子们在天津寓所正式开办家庭国学讲堂。他的一批特殊学生，梁思成、梁思永、梁思忠、梁思庄、梁思达，堂弟堂妹以及一些年轻的门生们，每日上午九点到十二点，都要听祖父亲自讲授的国学课程，比如"国学源流""前清一代学术"，解读《孟子》《墨子》等儒学经典；下午三点到五点，孩子们要将父亲的讲稿刻在蜡纸上并复习一天的功课。爹爹说："我非常感谢父亲对我在国学研习方面的督促和培养，这对我后来研究建筑史打下了基础。"对于爹爹和梁家兄妹们来说，能有这样一位特殊的"家庭教师"，得到这样一位集中国传统文化精粹于一身的大师亲授，实在是他们难得的机遇和幸运。

在爹爹成长的岁月里，每日于祖父膝下得到教导，接受祖父新文化思想的启迪和熏陶，对他一生的影响是巨大而深远的。祖父热情洋溢的表达风格，至情至理和透彻心灵的引导，还有祖父总是乐观向上、精神矍铄的那股子神气，祖父留下和传递给爹爹的这一切，和他为年轻一代注入的文化"新元气"，鞭策激励着爹爹一生的奋斗。

爹爹从师于父，不仅学习祖父教授的文化内容，也学习祖父的治学方法。我常听爹爹提到——他深受父亲"梁启超方法论"的影响和引导。爹爹试图参透并领悟祖父的治学理念和方法，这种方法论的学习，对爹爹的研究和治学理念的思考都尤为重要，同时充实也奠定了他日后文化创新的底蕴和基础。

爹爹在祖父的精心培育下，在他即将跨出清华学堂、迈向人生新征程之时，已成长为一位具备多方面发展潜能的青年才俊。

母亲家世

爹爹大约17岁时，第一次见到了我的妈妈林徽因。妈妈比爹爹小三岁，祖籍福建，1904年出生在杭州。

妈妈的祖父林孝恂（字伯颖）是福州人，清光绪十五年中进士入翰林院。据家人说，当时做"京官"开支大，对外省来的新上任者尤其如此，他们需要许多银两在官场应酬周旋。林孝恂自忖无此财力，便在每年一度的翰林院甄别考试中故意写错一字，以此向考官暗示，他希望被外放到地方。后来，他便被外放到杭州等地做官，曾任仁和、孝丰、金华、石门等地的知县和海宁知州，最后做到杭州的代理知府。但这时已是清朝末年，政治更加衰败，林孝恂便辞去官职，到上海定居。

妈妈出生时，外曾祖父林孝恂还在杭州地区做官。外曾祖父在任期内，鼓励农桑，兴办教育，奖拔寒门学子。他本人还身怀技艺，又谙熟医术，是一位非常务实的地方政务官。虽身为"知府大人"，他十分开明，并不以"女子无才便是德"教条禁锢眷属。他的夫人游氏喜好典籍，且工于书法。外曾祖父有两个儿子（林长民、林天民）和五个女儿。林家的子女教育不分性别，女孩们和男孩们一起受教启蒙，妈妈的姑姑们都有较高的文化修养，在那个时代的女性中是比较罕见的。抗战时期我们在四川李庄时，曾接到妈妈的表姐从北平的来信，她那一手工整的王羲之体小楷给我留下了十分深刻的印象。这也许是源自外公林长民的培养，他是民国初年的著名书法家，以王羲之体小楷见长。

林家的开明私塾课程，聘请国学大师和新派名流，甚至外籍教习，启蒙授教从传统经典到天文地理，林家学堂新旧并举，中外兼学，颇具一代新学开明家风。在杭州林家私塾受到启蒙教育的不仅有外曾祖父自己的儿女们，也包括林家子侄，并有老家福建的侄儿们，包括黄花岗七十二烈士之一的林觉民。外曾祖父也曾出资送蒋百里赴日本留学，他后来成为民国时期著名的军事教育家。

林长民肖像，摄于五四运动前夕

林长民1920年左右在伦敦

幼年徽因

　　我的外公林长民生于1876年，是家中长子，曾两度赴日本留学。辛亥革命前，他和弟弟林天民都曾留学日本。我的堂舅、建筑学家林宣（林天民之子）来京时曾告知我，外公是在31岁时从日本的早稻田大学法律政治系毕业的，他的父亲林天民同年毕业于东京高工电气系，当时年仅19岁。我不知道外公何时同外婆何氏结婚，只知道他们婚后八年我的妈妈才出生。因此，他们应当是在1896年（外公20岁时）结婚的。

　　我的外婆何雪媛，浙江嘉兴人，是一名当地富商最小的女儿。她有江南水乡少女的美，但没有多少文化；由于是家中幼女，从小颇受母亲娇惯，所以也不擅长家务，又比较任性急躁。因此，在嫁入林家后，不为公婆和大姑小姑所喜爱。特别不幸的是，外公对她没有多少感情。他们之间的婚姻是典型的封建婚姻所造成的悲剧。

妈妈是外曾祖父的长孙女，外曾祖父从《诗经》中取"徽音"两字为她命名，后更名为"徽因"。妈妈容貌得自外曾祖父母的遗传基因，她那有神的双眸很像外曾祖父，漂亮脸蛋更像外曾祖母。我的外曾祖母游氏视她为珍宝，妈妈刚一出生，外曾祖母立即将这个孙女从儿媳房中迁出到自己的卧室里，亲自照料。在妈妈约7岁时，外曾祖母去世了，妈妈重新回到自己母亲身边，但外婆那时对这个女儿并不很喜爱。外婆后来又生了一儿一女，可惜他们都在幼年便都夭折了。外婆常常怨艾自己"命苦"。

后来，外公又娶了一妻名程桂龄，她生下一女四男，这使我的妈妈在自己的同母弟妹夭折后，又有了几个幼小的弟弟妹妹。作为长姐，她对这些幼弟幼妹有着真挚的手足之情，但两"房"共处于一个家庭两个相邻院落的局面，特别是外公明显地"厚此薄彼"和外婆对此的非理性对待，常常带来种种家庭纠纷和争

林徽因9岁时与妹妹表姐合影

林徽因（右一）14岁就读培华
女子中学与姐妹的合影

1920年，16岁的林徽因
在英国伦敦

吵，使尚未成年的妈妈稚幼的心灵受到了不应有的伤害。以前妈妈每说起她童年这方面的感受时还不免伤心。

幸好那时妈妈的家庭成员很多，是一个大家庭，已成家的兄弟姐妹们都住在一起。其中除了她的祖父母和父母外，还有众多姑母们。因为妈妈的祖母疼爱女儿，舍不得让她们嫁到夫家，所以她们在结婚后，还常常住在娘家。因此，妈妈自幼就同自己的姑姑和表姐们亲密无间，也受到姑姑们特别的疼爱。在这个大家庭中，妈妈把表姐们都当成自己的亲姐姐，特别依恋她的大姑林泽民和大表姐王孟瑜（即她的"大姐"，我称"大姨"）。

幼年的妈妈不常见到她的父亲。她2岁时，28岁的外公东渡日本，在早稻田大学学习。妈妈是家中的长孙女和长女，没有兄长，所以，她很早就承担了超乎她年龄所应承受的半个"长子"之责。外公从日本留学回国后，曾在福州办学教书，辛亥革命后常到南京和北京，而年仅7岁的妈妈和外曾祖父等一家人当时都住在上海。八九岁时，妈妈已经能够写信给不常在家的外公，报告家中的一些情况，因而颇受外公的喜爱。

1916年，妈妈12岁时，全家从上海迁居北平（外曾祖父已于1914年去世），第二年又迁到天津。那两年妈妈常同家人住在天津，而外公则经常往返于京津两地之间。这一时期，外公甚为倚重年仅十二三岁的妈妈，要妈妈照顾她的娘、二娘和幼小的弟妹们。

有一次，全家人都病倒了，妈妈一面写信给外公报告，一面为生病的幼弟幼妹操心。她记得，有一天晚上，她听着当时年仅两三岁的妹妹林燕玉和三舅林恒啼哭无常直到深夜。妈妈不忍心听他久哭，就起来抱着他在有月光的廊子上徘徊，一个多小时后他才睡去。那时，这个小姐姐年仅13岁。

三舅林恒后来在北平上学时曾住在我家，他在1936年报考了空军航校，抗战时期成为一名战斗机飞行员。1941年3月在成都上空迎击日机时牺牲。当时妈妈在四川宜宾李庄的病榻上听到这一噩耗时，伤心欲绝。三年后，妈妈写了《哭三弟恒》这首悼念他的诗，从中可以看出她对这个从小抱着、看着长大的弟弟真挚的爱。

父母初识

爹爹梁思成和妈妈林徽因有着两位非比寻常的父亲。清末民初，祖父梁启超倡扬变法维新，外公林长民是立宪派著名人物，他们是两位深受中国传统文化熏染的士子，在走向世界、拥抱西学后，以自己的见识和眼光，试图建设一个全新的宪政国家。1917年，他们曾共同反对张勋复辟。同一年，他们都曾在段祺瑞、汪大燮的内阁中短期任"总长"（梁为财政总长，林为司法总长）。1918年第一次世界大战结束后，他们都坚持，战败国德国战前所得的在山东省的权益，应当归还中国，而不应落到日本人手中；他们都坚决反对袁世凯卖国的"二十一条"。两人曾为

"山东问题"合作奔走，他们的活动后来成为1919年爆发的"五四运动"的触媒，这一点至今不太为人所知。梁启超与林长民在极力促使中国拒绝在《巴黎和约》上签字起了重要的作用。

但是经历了多次变幻莫测的政治风云，他们也深感政坛险恶，厌恶腐败，皆有意远离官场，其后祖父和外公开始急流勇退成为社会贤达，全身心投入文化研究。他们二人才识超群、志趣相通，结为挚友，两家成为世交。爹爹和妈妈的相识，在这两位老父"介绍人"看来，互为儿女亲家也顺理成章。父母二人最初的相识也是基于两位父亲的友情，其后两位年轻人发展起来的友情与亲情，可以说是两位父亲友谊的一种延续，然而他们的婚姻却并非仅承"父母之命"。

祖父对待儿女婚姻的态度一向民主，谈到介绍儿女亲家，他在给大姑梁思顺的信中写道："我对于你们的婚姻得意得不得了，我觉得我的方法好极了，由我留心观察看定一个人，给你们介绍，最后的决定在你们自己，我想这正是理想的婚姻制度。"梁任公这位天才老父慧眼识人，他觉得妈妈特有的艺术气息与她的灵秀与通透，和他的儿子思成与生俱有的艺术文化气质相得益彰。他十分看好这一对喜欢拌嘴，却是"心有灵犀一点通"，梦想与追求高度一致的"欢喜冤家"。祖父确实没有看错，他为儿子思成寻得了一位可以相伴一生的最佳知音伴侣。

外公也很乐于由此通家之好，在他给少年思成的信中，或可感受到这位飘逸潇洒的外公，颇有文人雅士之风，更有一片慈父之爱，兼有幽默诙谐之趣："思成足下，你到家，想都好，徽病情已略轻减，徽命令我详细写信给你，这爸爸真是书记翩翩也，比你的爸爸如何？"

我的父母首次相识是在外公北京寓所的书房中。当时妈妈年仅14岁，正在培华女子中学学习；爹爹17岁，是清华学堂的学生。爹爹来看外公时，外公请妈妈出来相见。爹爹后来说，他当时对于这次"相亲"颇为忐忑，有点担心会见到一个梳着一条油光光的大辫子、穿着拖地长绸裙的旧式大小姐。但当亭亭玉立却稚气未脱的妈妈走进来时，爹爹见到的却是一个梳着两条垂肩发辫、上身穿着浅色中式短衫、深色裙子仅及膝下的小姑娘。她的灵秀之气和神采立刻吸引了他。特别令他心动的是，这位小姑娘起身告辞时轻快地将裙子一甩，便翩然转身而去的那种潇洒。

他们从这时起开始交往，双方的兄弟姐妹们常常也在场。那时爹爹还是个有些青涩的愣小伙子，有时爹爹还以他清华军乐队队长的身份邀请妈妈到清华园看他们"全身披挂"的军乐队演出，母亲家中的表姐们也受邀参加。女孩子们看后觉得这种美式乐队制服颇有喜剧味道。在他的业余爱好中，除了画画和音乐之外，爹爹最喜欢的是爬绳攀高和游泳、撑竿跳高等运动，当时爹爹的身体素质很棒。

双方家长皆赞成儿女继续交往以了解彼此，但却并不想用婚约把他们早早地束缚住。祖父一贯反对早婚，他认为尚未具备工作和生活的能力，不应该"语于婚姻之事"。早婚的人，结婚以后，生儿育女，万一自产不赡，还得靠父母接济，而这个时候本应该对父母尽赡养义务。他认为，家庭中每个人都应该自力更生，不去靠别人过活，这样做，不仅对自己的家庭经济有助，也对社会和国家有益。他要求自家的年轻人要学习有成、有自立能力后再订婚和结婚。我的父母是在1928年结婚的，此时距离他们最初相识的时间已有十年之久。在这十年中，他们的友谊和爱情不断有新的内容，也经历了风雨波折的考验。

随父出行

初识14岁的妈妈后，爹爹对这个面部轮廓有雕刻之美、双眸闪亮、神采飞扬的小姑娘留下了深刻的印象。随后母亲随外祖父到英国读中学一年半左右，父亲则继续在清华学堂学习。

1920年，妈妈16岁时，外公以"国际联盟中国协会"成员的名义，被派往第一次世界大战刚刚结束的欧洲进行访问。当时，他已不再担任政府官职，但仍同中国外交界人士有较密切的联系。1919年中国代表拒绝在《巴黎和约》上签字以后，外公计划到欧洲进行考察，以便继续观察各国政治动向，包括战胜国与战败国之间的关系和战争对有关各国政治、经济和社会的影响，从而进一步思考中国应采取的外交对策。

外公决定带妈妈与他同行。这时他已经意识到，他这个女儿的天赋和学习潜力不太寻常，也想让她暂时摆脱家庭琐务，同他一起出国增长见识，开阔视野和心胸，以便受到更好的教育，将来成为一位新型女性。此外，外公在国外活动时，也需要一个"女主人"协助持家。妈妈当时在有外籍教员的培华女中学读书，英语口语已经比较流利，能够给外公提供不小的帮助。

临行时外公致信女儿林徽因："我此次远游携汝同行，第一要汝多观察诸国事务增长见识，第二要汝近我身边能领悟我的胸次怀抱，第三要汝暂时离去家庭繁琐生活，俾得扩大眼光，养成将来改良社会的见解与能力。"

外公和妈妈大概在1920年春夏之间乘船前往欧洲。关于这次旅行，我只记得妈妈曾说过穿过红海时酷热难当。解放后我才知道，在他们乘坐的这艘船上，还有不少中国赴法勤工俭学的学生，外公还向这些中国学生们捐了款。解放初期，我曾听妈妈或爹爹说过，陈毅同志（他好像当时也在这艘船上）向他们提起过此事。

外公和妈妈抵达伦敦后，外公曾单独到巴黎参加一些会议，妈妈没有随行。从1920年8月上旬到9月中旬，外公同妈妈一起在欧洲大陆游览，共访问了法国、瑞士、德国和比利时四国，在每个国家都有一些友人陪同。妈妈保存着一本外公在这次旅行中所记的日记，其中详细记载了他们欧洲四国之行的情况，这让我可以较为具体地了解妈妈这一段难得的早年经历。读外公当年日记中的很多生动细致的描写时，我发现妈妈对大自然之美的敏感和细致观察能力很像她的父亲。可以想像当年他们父女暂时摆脱了

林长民信件手稿，1911年

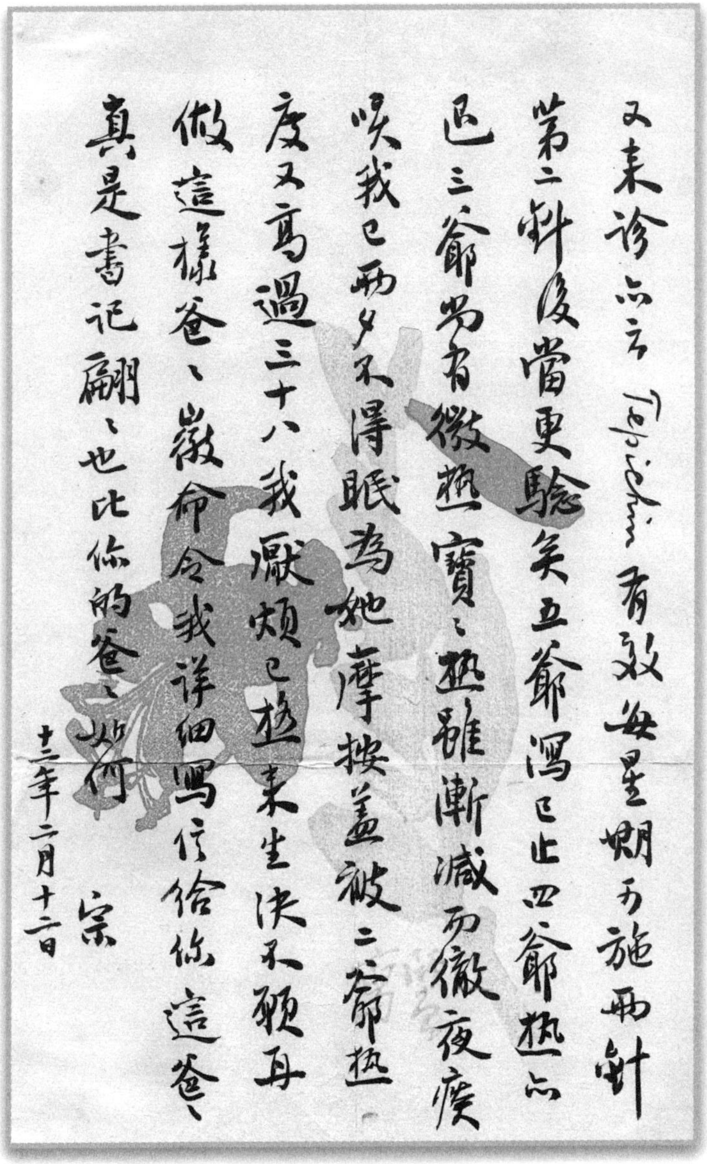

又来诊云云 Topichin 有效 每星期五施两针

第二料後當更驗矣五爺瀉已止四爺热亦

迟三爺尚有微热寶、热雖漸減而微夜瘦

嘆我已兩夕不得眠為她摩按盖被二爺热

度又高過三十八我厭煩已极束生決不願再

做這樣爸、嚴命我詳細寫信給你 這爸、

真是書记翻、也比你的爸、如何

十二年二月十二日　宗

林长民信件手稿，1923年

027

林徽因和父亲林长民1920年摄于伦敦

林徽因与父亲在伦敦的寓所中进餐

林徽因在伦敦寓所的炉边读书

国内政治的纷扰和生活琐事，共享湖光山色时的心情；同时也感受到外公的文化底蕴对后来成为建筑师和诗人的妈妈影响相当深远。外公此行中，同时也很注意各国的政治法律制度、财政经济状态、交通运输、人民的精神面貌等多方面情况，特别是战争对各国的影响。

妈妈到英国前主要受中国文化熏染，在英国旅居的一年多中，开始接触欧洲文化并深受影响。这种影响不仅表现在某些生活方式上，如英国人普遍爱好的"下午茶聚"（afternoon tea），也涉及更深层次的领域，首要的是文学艺术的鉴赏方面，她开始在原有的中国文化根基之上吸收西方的影响和理念，这成为她此后具有"东西方双重文化"背景和修养的基础。

当时与外公来往的各界人士中，有不少是像他自己一样的"老"留学生，也有不少青年留学生，他们的共同特点是都受到东西方两种文化的教育和影响。妈妈当时年纪尚小，在学识上同来到外公寓所的那些牛津、剑桥的中国学子们自然无法相比，只是一个洗耳恭听的小女孩，但她的思维敏捷活泼，英语听说能力强，这使她能从外公同这些中外文化界人士的交往中获得超出学校教育的"营养"。同时，在各种"下午茶聚"活动中感受牛津、剑桥师生自由辩论、聊天畅叙的学风。

在英国的一年中，总体来说妈妈在下面两个方面颇有所收获：

一是通过接触英国19世纪末和20世纪初的文学作品，活跃和解放了思想，初探文学殿堂。当时曾到外公家来的留学生徐志摩在这方面对她起到了一定的引导作用。妈妈始终尊重和感谢这位兄长式的"老师"。徐志摩当时还不是诗人，但受英国浪漫主义诗人拜伦、雪莱和济慈等人影响，已开始向写诗的方向发展。年轻的林徽因可能给了他某种灵感，但是她始终没有对这位当时已娶妻生子却不满自己婚姻的青年的追求做出回应，这可能同她自己童年的生活感受有关，因为她自己的母亲恰好是在不幸的封建包办婚姻中在感情上被丈夫遗弃的一方。

二是妈妈在伦敦时期有不少同她年龄接近的英国女性朋友们，这些女友中的一位是学建筑的学生。妈妈从这位朋友那里首次得知建筑在西方不仅仅是"盖房子"，而是一门综合性的学科和艺术。从此，建筑学作为一门集美术（包括绘画、雕刻、工艺美术等）、工程技术和人文理念于一体的综合学科对母亲产生了巨大吸引力。妈妈观察欣赏着这位女友作建筑绘图，这让她尤为感兴趣，并且由此产生了将来要成为一名女建筑师的强烈愿望。

1921年10月妈妈随外公回国时，她的"行李"中已经有了不少新东西，其中包括她对建筑学的最新了解。妈妈回国以后继续到培华女中学习。爹爹这时已是清华学堂高等科的学生，毕业后将到美国留学，他也开始考虑自己未来的专业。妈妈同时也在选择她未来的学业，她向爹爹描述了她在英国，曾经看着学习建筑学的女友花几个小时绘制出精美的建筑绘图。"建筑学"这个新概念从此铭刻于心，这是她想要的职业，一个可以将生活中的艺术创造和实际用途结合起来的事业。爹爹也意识到母亲所描绘的建筑学专业——综合各种艺术门类、跨人文与理工的学科，的确非常适合他热爱美术、擅长动手、兼修文化历史、绘图科学严谨等种种自己的爱好和优势。他们同时对建筑学科产生了浓厚的兴趣，一起选定了建筑学这个未来的学业和职业。两人一道学习这个专业也更符合他们的心意。这个共同的选择让他们之间的交流变得更为亲密，也更有内容和新意。

正当爹爹即将从清华毕业准备赴美留学之时，他却遭了车祸。1923年5月7日是袁世凯政府签订丧权辱国的"二十一条"的国耻纪念日，爹爹骑摩托带着三叔梁思永从南长街驶入长安街，准备去追赶游行队伍。正在此时一辆小汽车急驶而来撞翻了摩托车，三叔被甩了出去，爹爹被压在车下，他的腿部受了重伤。祖父跟大姑梁思顺说："这时候我的心差不多要碎了。"一开始医院告知家里无需手术，因为骨头没断。然而这个诊断贻误了及时治

1923年梁思成车祸后受伤（一）

1923年梁思成车祸后受伤（二）

1925年前后，梁启超、梁思庄与
林徽因共游长城

雪池胡同父亲的家，廊前（1922—1923年），左一
为外婆何雪媛

疗，爹爹实际上是股骨复合性骨折，一个月内连做了三次手术。尽管祖父信中安慰家人说："思成能和正常人一样走路"，可是从那以后，爹爹的左腿比右腿短了一截，从此终生伴有跛足和颈椎病痛，常年背负着支撑椎背的支架。对于爹爹日后整日翻山越岭、攀爬古建梁柱、奔波于艰苦的古建筑考察之旅，残疾给他带来的辛苦和病痛折磨远超过常人。

妈妈听闻爹爹遭遇车祸十分焦急，每日陪伴于爹爹身旁。妈妈没有传统女孩儿的羞涩，她每日坐在爹爹床边，热心和他谈天说话，笑语不断地安慰着受伤的爹爹，妈妈和爹爹的关系日益亲密。年轻人的"开放行为"让祖母感到不安和难以接受，但妈妈的帮助和诚恳依然赢得了祖父的喜欢和感激。祖父在给大姑梁思顺的信中详述了车祸情况之后写道："内中还把一个徽因也急死了，林家全家也跟着我们饿着受了大半天。"在5月17日的信中他还说，爹爹受伤后，我的祖母"每日望看彼两次，徽因亦日日往"。

父亲因为车祸养伤不得不将赴美留学时间推迟一年至1924年夏天。祖父任公在爹爹养病期间，要求他研读中国经典，从《论语》和《孟子》开始。祖父写道："父示思成：吾欲汝在院两月中取《论语》《孟子》温习暗诵，务能略举其辞，尤于其中有益修身之文句……可益神志，且助文采也。更有余日读《荀子》则益善。《荀子》颇有训诂难通者，宜读王先谦《荀子集解》。"多年后，爹爹教我读《左传》篇章时，他真可谓是倒背如流，这段"父示思成"的国学经典学习对爹爹日后建筑史学的研究极为重要。

（二）

赴美留学

结伴求学

祖父梁启超提倡文化融合，他认为不同地区的文化相融合可以形成新的文化。他鼓励年轻人走出国门，祖父一直有送儿女们出国留学的计划，学习掌握先进的科学和方法。这也是梁启超新民教育理念的一种具体实践。他曾说："凡天下事，必比较后方可见其真，无比较则非惟不能知己之所短，并不能知己之所长。"但不能因为出国学习西方文化，而对自己国家的文化陌生，掌握两种文化同等重要，在文化的融合中才能达到新的境界。

爹爹思成多年承祖父膝下教诲，祖父亲授经典国学，教导他深入理解挖掘中国传统文化，这对父亲的未来事业至关重要。祖父要孩子们走出国门，因为"启超确信我国文学美术在人类文化中有绝大价值，与泰西（泛指西方国家）作品接触后当发生异彩"。祖父文中写道："启超确信欲创造新中国，非赋予国民以新元气不可，而新元气绝非枝节吸收外国物质文明所能养成，必须有内发的心力以为之主。"他期待孩子们实现一种文化跨越，在东西方文化的比较与碰撞中，激发新的能量，获取新的灵感，大胆尝试探索出一条超越以往的创新之路。

爹爹日后从事的建筑学研究，正是将中国传统文化与外来文化结合起来，它不再只是一门单纯的学问，而是注入了"新元气"，有其"内发心力"的新学科，爹爹的学习也随着这种文化的融合，不断探索并达到了一种新的境界。

20世纪初，美国宾夕法尼亚州大学（University of Pennsylvania）建筑系正处于其发展的巅峰时代，该校当时以名师荟萃、教学创新而备受瞩目。父亲梁思成、母亲林徽因和陈植伯伯怀揣梦想，一起远渡重洋投考宾大建筑系，他们与先行到达的杨廷宝、童寯、赵深伯伯等老同学们一同走进宾大，不仅成为一批让宾大记忆深刻的成绩突出的优秀学生，更是从那里开启了他们日后不凡的建筑人生之路。

梁思成赴美留学，1924年秋　林徽因赴美留学，1924年秋
宾夕法尼亚大学学生证照片　宾夕法尼亚大学学生证照片

　　爹爹本应在1923年赴美留学，因5月在车祸中受伤，只好将赴美留学时间推迟一年。次年，妈妈考取了清华半官费留美资格。于是，他们于1924年6月结伴而行，一起乘船前往美国宾夕法尼亚大学，准备报考建筑系。在启程前，他们曾随祖父梁启超和外祖父林长民一起参加1924年4月印度诗人泰戈尔访华期间的接待活动。

　　1924年的夏天，他们一同前往位于纽约州伊萨卡（Ithaca）的康奈尔大学（Cornell University）选修相关课程，通过这样的预备学习和转换学分，他们可直接成为宾大建筑系二年级学生。爹爹选修了户外写生等课程，妈妈选修了户外写生和数学等。秋季他们回到费城（Philadelphia），爹爹和陈植伯伯都顺利地注册进入宾大，成为建筑系学生。而妈妈却因该校建筑系不收女生而被拒，理由是建筑系学生经常要整夜画图，女生无人陪伴无法适应。妈妈不得不在美术系（School of Fine Arts）注册入学。学习期间，妈妈同时选修建筑系课程，后来还"打破常规"担任了建筑设计课的助教。

家中传来噩耗

正当爹爹和妈妈开始全身心投入建筑艺术学习之时，却接连从国内传来家中噩耗，令他们倍感痛苦和不安。

他们在宾大入学后不久，1924年9月13日，我的祖母李蕙仙不幸因癌症去世。夫人的去世，令祖父悲痛万分，简直是"不知人间何世"，对他的身体和精神打击极其巨大。据说祖父曾几个月不能写作。祖母病重期间，祖父原打算让父亲回国尽其孝道，但因祖母癌症突然恶化仙逝，父亲不及赶回，祖父便来电要他安心学习。未能为祖父分忧和为祖母最后尽孝，让爹爹和妈妈既悲痛又内疚，他们二人的内心都承受着极大的压力，心情格外沉重。这些压力也让爹爹和妈妈在此期间备受情感折磨和困扰。他们二人脾气各不相同，在极大的外界压力下，也会触发他们互不妥协的碰撞。祖父对他们既担忧又爱护，他们相信这或许也是两位年轻人结婚之前的一种相互适应与磨合，他们从此要学会在不牺牲自己个性的前提下、在极为不同的秉性脾气中寻求相互的容忍和妥协。

梁思成、林徽因在美国

祖父曾把他们这种心底的挣扎用强烈的措辞描绘给大姑听："今年思成和徽因已在佛家的地狱里待了好几个月。他们要闯过刀山剑林，这种人间地狱比真正地狱里的十三拷问室还要可怕。但是如果能改过自新，惩罚之后便是天堂。"他又评说道："其实我们大家都是在不断再生的循环之中。我们谁也不知道自己一生中要经过几次天堂和几次地狱。"

　　不幸与痛苦接踵而至。1925年12月24日，外祖父林长民在奉系军阀的一场战争中被流弹击中而遇难。噩耗传到美国已是1926年初，对于当时年仅21岁的妈妈来说，这又是一次突如其来的灾难和打击。我过去对于外公遇难的详情不太了解。近年来从一些有关书籍中得知，外公当时受聘于奉军将领郭松龄，是郭的"幕僚长"，而郭松龄在1924年第二次直奉战争后，不愿继续为奉军卖命打内战，"倒戈"要求奉系军阀张作霖下台，在反对张作霖的一次战斗中被流弹击中身亡。

　　这个不幸的消息让母亲悲痛欲绝，外公走了，母亲失去了最爱的父亲。外公是妈妈至亲至爱的精神导师，也是支撑她和全家的坚实后盾。外公的遇难使整个家庭失去了经济支柱，他在世时尽职廉洁，去世后仅留下三百余元，眷属（包括我的外婆）不得不全部返回福州老家。妈妈当时想立即回国奔丧和安慰家人，但被祖父和爹爹劝阻。母亲曾考虑在美国打工一年，自筹留学经费，但未得到祖父同意。祖父梁启超奔波料理外公林长民丧事善后之时，自己的健康也出现了问题，时有便血，但他仍频频写长信给爹爹和妈妈，尽力去开解引导他们，给他们以最大的精神上的支持和生活上的关怀。祖父嘱咐爹爹告诉妈妈："林叔的女儿，就是我的女儿，何况更加以你们两人的关系。我从今以后，就把她和思庄一样的看待。"祖父也曾在他的信中对妈妈寄予殷切的希望："徽因怎么样，我前月有很长的信去开解她，我盼望她能领会我的意思：人之生也，与忧患俱来，知其无可奈何，而安之若命。你们都知道我是感情最强烈的人，但经过若干时候之后，总

040

能拿出理性来镇住他，所以我不致受感情牵动，糟蹋我的身子，妨害我的事业。这一点你们虽然不容易学到，但不可不努力学学。她要鼓起勇气，发挥她的天才，完成她的学问，将来和你共同努力，替中国艺术界有点贡献，才不愧为林叔的好孩子。"

这时正值1924年第二次直奉战争后，国内军阀混战愈演愈烈，社会动荡，经济凋敝，生灵涂炭。作为远离祖国而又有报国情怀的海外学子，妈妈和爹爹此时对国仇家难之苦有了更加深切的感受。

刻苦学习

爹爹和妈妈没有被这一连串的打击所击垮，也未因此而悲观消沉，他们二人从此加倍努力学习，在宾大建筑系成为成绩佼佼者。现在想起来，以当时他们的遭遇和心情，特别是感情细腻敏感的妈妈，能从这连串的噩耗打击中挺过来，和爹爹携手共进，做到这一切的确非常不容易。

妈妈虽是宾大美术学院的学生，但选修了建筑系的课程。她的成绩很好，特别是在建筑设计方面。因此，到1926年春天便被宾大建筑系聘为协助教授建筑设计的非全日制助教。她的建筑设计富有创意，常有独出心裁的灵感和"神来之笔"，具有自己鲜明的个人风格和特色。

当时，在宾大建筑系，曾在巴黎美术学院学习过的法裔教师保罗·克瑞（Paul P. Cret，1876—1945）的影响力很大。在他的影响下，爹爹和妈妈在1924—1927年的三年学习生涯中，不仅学习了与建筑设计和建筑工程有关的各种课程，而且深入学习了西方建筑史，还接受了严格的绘图训练。他们日后能够在建筑教学和中国建筑史研究两方面作出开拓性贡献，也受益于这段时间的勤学苦练。

爹爹在建筑绘画方面以精美细致见长，而妈妈画的图则不如爸爸的干净漂亮。他们两人有时能够合作，相互取长补短，有时则互不相让，陷入争吵。我记得妈妈曾经说过，有一次，他们的作业是设计一张圣诞卡，妈妈有一个比较新颖的"灵感"，爹爹也颇为赞赏，但爹爹认为此卡必须由他来画出，才能尽善尽美。妈妈不同意。她说，同学们都认得他俩的画图风格，爹爹如果代她画，别人一看就知道"枪手"是谁。但爹爹仍坚持由他来画，为此两人吵了一架。那时他们这样大大小小的争吵据说不少，不过这样的互不相让和争吵，不仅成为他们思想交流的一种"常态"，也逐渐磨合出他们对艺术的高度认同，合成了他们二人高度一致的思想理念，为日后两人的共同事业奠定了基础。

爹爹大学时代不仅成绩优异，学习也非常刻苦，他的作业绘图总是精益求精，不惜下"笨功夫"。他在宾大建筑系的学习中接受了深入研究建筑史及简洁漂亮的透视图的强化训练，他的作品得到学校的优秀奖项和高分好评。他的绘图被评价道："设计构图简洁，朴实无华，亦尝试将建筑与雕塑相结合……他的渲染，水墨清澈，偶用水彩，则色泽淡雅明净脱俗。"我虽不属于建筑专业，却也觉得这些描述很符合我所了解的父亲为学风格，

梁思成留美时期建筑史课作业（一）　梁思成留美时期建筑史课作业（二）

符合他有着深厚文化底蕴的一代建筑师的探索和尝试。通过反复的绘图训练，追溯一座座建筑的历史变迁，这一切不仅让爹爹练就了一手高超的绘图技巧，也为他日后的教学打下了良好的基础，并让他对建筑史研究发生了浓厚的兴趣，对西方文明发展和文艺复兴有了深刻的认知和理解。

尽管爹爹恪守他一贯严谨的作业风格，但如此严格的绘画和训练方式，有时候也会让他因枯燥的训练感到厌烦。他写信向祖父诉其苦衷，祖父闻之回答："你觉得自己天才不能负你的理想，又觉得这几年专做呆板工夫生怕会变成画匠。你有这种感觉，便是你的学问在这时期将发生进步的特征，我听见倒喜欢极了。孟子说，'能与人规矩，不能使人巧。'凡学校所教与所学总不外规矩方面的事，若巧则要离了学校方能发现……中国先辈说要'读万卷书，行万里路'。你两三年来蛰居于一个学校的图案室之小天地中，许多潜伏的机能如何便会发育出来……今在学校中只有把应学的规矩，尽量学足，不惟如此，将来到欧洲回中国，所有未学的规矩也还须补学，这种工作乃为一生历程所必须经过的，而且有天才的人绝不会因此而阻抑他的天才，你千万别要对此而生厌倦，一厌倦即退步矣。至于将来能否大成，大成到什么程度，当然还是以天才为之分限。我生平最服膺曾文正两句话：'莫问收获，但问耕耘。'……尽自己能力做去，做到哪里是哪里，如此则可以无入而不自得，而于社会亦总有多少贡献。我一生学问得力专在此一点，我盼望你们都能应用我这点精神。"

在宾大学习期间，像许多中国留学生一样，他们常常到附近餐馆去洗碗，以打工来补贴一些日常开支。宾大建筑系当时不收女生的一个理由是，建筑系学生常需要夜间赶图，男女生晚上不宜在一起。但实际上妈妈也常常在夜间和同学们一起赶图。她说，画完图回家时餐馆往往已经关门，回到宿舍饿得受不了就喝自来水"充饥"，这对她的健康显然很不利。

妈妈在美国时常常想家，她说，有时想得"心焦得不得

1927年留学美国期间的林徽因
（左下）、梁思成（右下）和
陈植（左上）

林徽因与宾大同学合影

了"，好在当时不仅爹爹也在宾大，他们还有许多共同的好友，包括同在建筑系的陈植、童寯、杨廷宝、赵深等。而且，学建筑本是他们自己的志愿，因此学习生活并不单调寂寞。我的三叔梁思永、四叔梁思忠当时也在美国留学，三姑梁思庄和大姑梁思顺在加拿大东海岸，兄弟姐妹离得不远，也不时有聚会。

妈妈曾在伦敦上中学，性格活泼大方，又擅长英语，这使她能比较自如地在东西方两种文化之间"往来穿行"，因而在外国同学中也有不少朋友。她觉得英国女孩子比较拘谨和内敛，而同美国女孩子交往更无拘束一些。

从1926年妈妈的一个美国同学给家乡报纸写的一篇访问记中可以窥知一些她在宾大的学生生活情况。

> 她坐在靠近窗户能够俯视校园中一条小径的椅子
> 上，俯身向一张绘图桌，她那瘦削的身影匍匐在那巨大

的建筑习题上，当它同其他三十到四十张习题一起挂在巨大的判分室墙上时，将会获得很高的奖赏。这样说并非捕风捉影，因为她的作业总是得到最高的分数或是偶尔得第二。她幽默而谦逊，从不把自己的成就挂在嘴边。

"我曾跟着父亲走遍了欧洲。在旅途中我第一次产生了学习建筑的梦想。现代西方的古典建筑启发了我，使我充满了要带一些回国的欲望。我们需要一种能使建筑物数百年不朽的良好建筑理论。"

"然后我就在英国上了中学。英国女孩子并不像美国女孩子那样一上来就这么友好。她们的传统似乎使得她们变得那么不自然地矜持。"

"对于美国女孩子——那些'小野鸭子们'你怎么看？"

回答是轻轻一笑。她的面颊上显现出一对色彩美妙的、浅浅的酒窝。细细的眉毛抬向她那严格按照女大学生式样梳成的云鬓。

"开始我的姑姑阿姨们不肯让我到美国来。她们怕那些'小野鸭子'，也怕我受她们的影响，也变成像她们一样。我得承认刚开始的时候我认为她们很傻，但是后来当你已看透了表面的时候，你就会发现她们是世界上最好的伴侣。在中国一个女孩子的价值完全取决于她的家庭。而在这里，有一种我所喜欢的民主精神。"

"等我回到中国，我要带回什么是东西方碰撞的真正含义。令人沮丧的是，在所谓的'世界接轨'的口号下，我们自己国家独特的原创艺术正在被践踏。应该有一场运动，去向中国人展示，西方人在艺术、文学、音乐、戏剧上的成就。但是，绝不是要以此去取代我们自己的东西。"

引自《中国姑娘将自己献身于拯救她的祖国的艺术》(*Chinese Girl Dedicates Self to Save Art of Her Country*)，1926年1月17日

《蒙塔那报》(*Gazette*(*Billings, Montana*))

留学美国期间，梁思成与林徽因与宾夕法尼亚大学
同学合影

留学美国期间，林徽因与宾夕法尼亚大学同学合影

毕业与选择

　　1927年2月爹爹提前完成学业，被授予宾大建筑学士学位，同年7月他获得建筑硕士学位；也是在这年的2月，妈妈用三年时间完成了四年制学业，并以高分获得宾大美术学士学位。他们两人在毕业后，一同被导师保罗·克瑞聘请到他的建筑事务所当他的助手，这也被视为对建筑系出色学生的一种奖励。

　　大学毕业后何去何从，爹爹和妈妈正在思考着未来人生的选择，祖父这时来信了，老父一番苦口良言引导着两位年轻人同他一起思考，学业之后应如何面对人生选择，如何培养乐观向上的人生观。

　　我这两年来对于我的思成，不知何故常常像有异兆的感觉，怕他渐渐会走入孤峭冷僻一路去。我希望你回来见我时，还我一个三四年前活泼有春气的孩子，我就心满意足了。这种境界，固然关系人格修养之全部，但学业上之熏染陶熔，影响亦非小。因为我们做学问的人，学业便占却全生活之主要部分。学业内容之充实扩大，与生命内容之充实扩大成正比例……这些话许久要

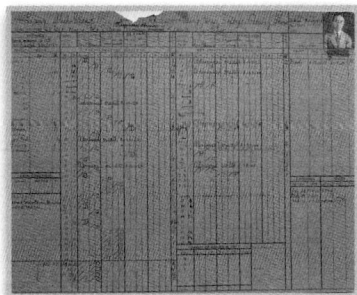

梁思成成绩单　　　　　　　　　林徽因成绩单

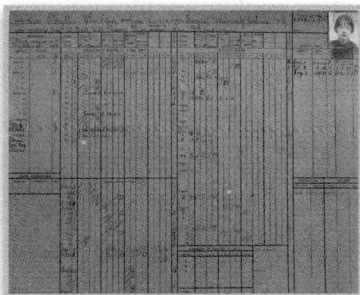

林徽因大学毕业照

和你讲，因为你没有毕业以前，要注重你的专门，不愿
你分心，现在机会到了，不能不慎重和你说。你看了这
信，意见如何（徽音意思如何），无论校课如何忙迫，
是必要回我一封稍长的信，令我安心……我国古来先哲
教人做学问方法，最重优游涵饮，使自得之。这句话以
我几十年之经验结果，越看越觉得这话亲切有味。凡做
学问总要"猛火熬"和"慢火炖"两种工作，循环交互
着用去。在慢火炖的时候才能令所熬的起消化作用融洽
而实有诸己。思成，你已经熬过三年了，这一年正该用
炖的工夫。不独于你身子有益，即为你的学业计，亦非
如此不能得益，你务要听爹爹苦口良言。

思成再留美一年，转学欧洲一年，然后归来最好。
关于思成学业，我有点意见。思成所学太专向了，我愿
意你趁毕业后一两年，分出点光阴多学些常识，尤其是
文学或人文科学中之某部门，稍为多用点工夫。我怕你
因所学太专门之故，把生活也弄成近于单调，太单调的

048

生活，容易厌倦，厌倦即为苦恼，乃至堕落之根源。再者，一个人想要交友取益，或读书取益，也要方面稍多，才有接谈交换，或开卷引进的机会。不独朋友而已，即如在家庭里头，像你有我这样一位爹爹，也属人生难逢的幸福，若你的学问兴味太过单调，将来也会和我相对词竭，不能领着我的教训，你全生活中本来应享的乐趣也削减不少了。我是学问趣味方面极多的人，我之所以不能专积有成者在此。然而我的生活内容，异常丰富，能够永久保持不厌不倦的精神，亦未始不在此。
（这封信你们留着，也算我自作的小小像赞）。

引自梁启超家书，1927年8月29日

爹爹和妈妈在导师保罗·克瑞的建筑师事务所实习了两个月（1927年6—8月）后，他们决定在离美前，各自分别再进修一段时间。

暑假以后，妈妈选择到耶鲁大学戏剧学院进修了将近半年，学习舞台美术设计。她是我国第一位在国外学习现代舞台美术的学生。我想，她当时或许是在寻找一种跨学科研究，一种可以结合建筑、文学和美学研究的综合学科。舞台布景是一门与建筑、室内外艺术设计等都密切相关的学科，舞台美术研究更兼有戏曲服装、服饰图纹等工艺美术学科研究，同时舞台艺术又与文学和戏曲文化密不可分。妈妈对这其中所涉及的诸多文化艺术领域都有着浓厚的兴趣，她本人也颇具相关方面的天赋和才华。所以她选择这一学科显然是有意拓展自己的潜能，为她进入更广阔的艺术天地进行的一番探索和尝试。妈妈在这里的学习轻松愉快、游刃有余，她在建筑设计和绘图方面的高超训练，赢得了舞台美术设计同行的喜爱和尊重，还不时成为同学们作业救急的热心帮手。这半年的学习对她日后的艺术研究影响颇为深远。虽然她回国后，除了帮助曹禺等设计过一两次舞台布景外，并未在戏曲舞

梁思成、林徽因在留学美国期间
参加化装晚会

1927年，林徽因在美国耶鲁大学设计的舞台布景剧照

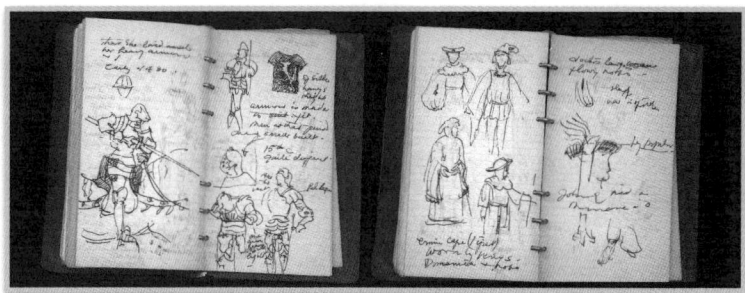

林徽因在耶鲁大学的舞台设计手稿

台方面有很大的发展，但她日后对于工艺美术的开拓创新，和对戏曲文化、服饰图纹等浓厚的兴趣与专业研究，皆与她在宾大和耶鲁的美学专业研究和训练有着密切的关系。

同一时期（1927年9月—1928年2月），爹爹申请到哈佛大学进修，课题是"东方建筑研究"。他说："调查研究和保护这些（东方）建筑物的极端重要性促使我选择这一课题。"这时，他已立志回国后要研究中国建筑，同时考虑到，回国后也可能要到大学教书，讲授建筑学，爹爹觉得他需要阅读更多的相关图书资料。

爹爹告诉我，他在宾夕法尼亚大学上学的时候，就很喜欢听西方建筑史的课。宾夕法尼亚大学受巴黎美术学院影响很大，宾大建筑系不仅注重建筑设计方面的教学，也注重古建筑的研究，学生接受了很多这方面的训练。宾大建筑史教授阿尔弗莱德·古米尔（Alfred Gumaer）开设的文艺复兴建筑史课程深深地吸引了爹爹。在交流时，那位老师问他，你们中国的建筑很独特，有没有关于中国建筑史方面的著作或者研究？这让父亲意识到了这方面研究的空白。当然，确实也有一些外国学者进行过一些相关研究，为了接触了解这些研究，父亲向哈佛大学提交了入学申请，

051

但学习的结果并不尽如人意。为什么中国建筑会演变成现在这个样子？中国建筑的体系为什么在这么长的时间里一直保持着如此独特的形态？他翻阅遍了他所能接触到的研究文献，似乎谁都没能解释清楚。我在爹爹去世很多年后，读他在宾大的作业时，从他那些"文艺复兴"的作业中，忽然明白了老父的觉醒顿悟思路，他对文艺复兴的深入学习和理解唤起了他的新思考，点明了未来的研究方向与探索之路。

爹爹妈妈的美国友人费慰梅这样描述爹爹当时的经历："同时他想通过哈佛图书馆的藏书来熟悉用东西方文字写成的其他有关文献……哈佛的东方艺术讲师兰登·华尔纳帮助他找到了主要的参考书，使他懂得了西方人是怎样看待中国艺术和建筑的。这里边许多材料他都是熟悉的，但这些方面的学科和书籍是如何组织的却使他很感兴趣——亚瑟·瓦莱和恩奈斯特·芬奈罗萨研究中国绘画，R.L.霍布逊和A.L.赫瑟林顿研究中国陶瓷，贝尔托尔德·劳福尔研究玉石，奥斯瓦尔德·喜仁龙研究雕刻。当时西方有两位研究中国建筑史的先行者，一个是喜仁龙，写过《北京的城墙和城门》（1924年伦敦版）和《北京的皇家宫殿》（1923年纽约版），另一个是恩斯特·彪胥曼，他出的书有《图画中国》（1923年纽约版）和《中国建筑》（1925年柏林版，1-2卷）。思成在1947年对他们作了这样的评论：'他们谁也不懂中国建筑的规律。他们描述中国建筑物，不懂就瞎写。但是两人中喜仁龙稍好一些，他运用了《营造法式》，不过并不经心。'思成也在哈佛图书馆里搜求有关建筑的中文书籍。藏书很少，也只能算是才刚开始。他报告说他除了找到一些散页以外几乎一无所获。那些散页有的见于《古今图书集成》，有关于寺庙的详细记载。在日本学者的著作中，有常盘大定和关野贞的几卷关于中国佛教碑刻的书，当时拓片已经印行，而文字尚未出版。"

1925年，爹爹在宾大念大学二年级时，曾经收到我祖父寄来的一本古代建筑术书——《营造法式》，他当时非常兴奋。祖父在所附信中评论道："一千年前有此杰作，可为吾族文化之光宠也已。"爹爹看了这本书，尤为感兴趣，但也感叹："在一阵惊喜之后，随后就给我带来了莫大的失望和苦恼——因为这部漂亮精美的巨著，竟如天书一样，无法看得懂。"爹爹没想到早在12世纪初，中国就有这样完备的一部建筑"术书"，虽然当时他还无法理解这本书中宋代工匠使用的许多词汇和术语，但此书的纲目表明，北宋时期的李诫已将那时建筑工程涉及的许多工种和工艺进行了系统的整理和归纳，说明当时源远流长的中国建筑体系已达到了较高水平。爹爹由此萌生了研究中国建筑史的强烈愿望，不仅下决心要破解这本"天书"，更要用现代、专业的语言和绘图明晰地表述中国建筑体系，让中国乃至世界对中国建筑体系有其相应的认知。

在哈佛学习期间，爹爹计划着做成一件大事——撰写一部《中国宫室史》作为他的博士论文。他同祖父商量了此事。祖父表示，这"当然是一件大事业，而且极有成功的可能，但非到各处实地游历不可"。祖父自己这时正计划写一部"中国历史"，但认为这"非一人之力所能成"，希望在美留学的子女（学考古学的三叔思永、学图书馆学的三姑思庄）能成为他的助手。虽然因为世事无常，祖父撰写"中国历史"的计划并未得以展开，但爹爹后来能以毕生精力从事中国建筑史的研究，显然与祖父在这方面对他的影响分不开。

爹爹用英文写就的论文《一个汉代的三层楼陶制明器》大致成文于这一时期，这是他研究中国古代建筑的一个初步尝试或开端。他在进驻哈佛研究生院后，求知若渴地从图书馆中借阅了1920年中期西方学者撰写的有关中国艺术和建筑的书籍，以及日本学者摄制的一些中国佛教建筑的照片。显然，当时他能找到的所有资料都在提醒他，只靠这些资料不足以完成《中国宫室史》这部博士论文，因此爹爹与导师L. Warner商定，他将回国进行实地考察，两年后提交论文。但他也没能想到，他这一去就

1928年春，梁思成与林徽因
在加拿大新婚

是20年，再次得以访问美国时，已是第二次世界大战结束后的
1946年了。

在美国学习期间，爹爹在宾大博物馆和哈佛大学都看到，
这里的馆藏中有着许多中国流失的珍贵文物。此前在宾大博物馆
中，他们看到"唐昭陵六骏"的两匹壁雕石马。爹爹将此事告知
祖父，祖父闻听后大为震惊，回信中连连叹惜："昭陵石马怎么
会已经流到美国去，真令我大惊！那几只马是有名的美术品，唐
诗里'可要昭陵石马来，昭陵风雨埋冠剑，石马无声蔓草寒'，
向来诗人讴歌不知多少。那些马都有名字，是唐太宗赐的名，画
家雕刻家都有名字可考据的。我所知道的，现在还存四只……若
在别国，新闻纸不知若何鼓噪，在我们国里，连我怎么一个人，
若非接你信，还连影子都不晓得呢。可叹，可叹！"

妈妈告诉我，那时她和爹爹还有陈植伯伯，他们三人会一起
长久地站在昭陵石马像前，就默默无语，谁也不说一句话。我常
常在想他们当时究竟在想些什么……

054

爹爹和妈妈一定在想着他们的未来选择，这或许也是他们跨出国门学成而归时得到的一项最大收获。他们在学习西方建筑体系的同时，认识到了中国建筑文明与研究体系的缺失及其重要性。在中国这个历史典籍浩如烟海的文明古国，为什么找不到关于中国建筑的史书？为什么建筑学这样一门融文、理、工为一体的综合学科尚属一片空白？爹爹感到了一种责无旁贷的责任，无形中在他学成归国之时，为自己选定了今后的治学研究方向。从此开启了他们人生中一条充满荆棘而又硕果累累的建筑文化与科学探索之路。

　　爹爹和妈妈在分别结束了各自将近半年的进修学习以后，告别了四年的留学生活，即将开启他们新的人生。与此同时，在国内家中，祖父和家人正热切期待着一对学成的新人的归来，此刻祖父梁任公深感欣慰，看着爱子和"新得的女儿"（徽因）最终走到一起即将步入婚姻殿堂，祖父说这是"思成一生幸福关键所在"。爹爹和妈妈于1928年3月21日在加拿大我大姑梁思顺家中举行结婚仪式。此时距他们最初相识的时间已有十年。这十年中，他们共同经受了不少人生风雨。但从后来他们的经历来看，这条人生风雨之路才刚刚开始。

（三）

开拓事业

欧洲考察

爹爹梁思成和妈妈林徽因毕业之际，成家立业是他们迈向社会的第一步。祖父梁启超接连来信，叮嘱他们说："你们既已成学，组织新家庭，立刻须找职业，求自立，自是正办……"他要两位新人意识到，外公林长民的突然离世，林家面临巨变，作为梁家长子、林家长女（也将成为梁家长媳），他们未来的生活和肩上的责任也面临着重大改变和挑战。

爹爹和妈妈从初识到携手相伴而行历经十年之久，他们步入婚姻已是全家人的期盼。此时虽然他们远在万里之外的美洲，祖父梁启超对于长子思成的婚事也仍极为重视，更兼照顾已故挚友女儿之责，他们的婚礼容不得半点马虎。

祖父在1927年12月从天津寄来的家书中叮嘱得事无巨细："这几天家里忙着为思成行文定礼……因婚礼十有八九是在美举行，所以此次文定礼特别庄严慎重些。晨起谒祖告聘，男女两家皆用全帖遍拜长亲，午间宴大宾，晚间家族欢宴……在美婚礼，我远隔不能遥断，但主张用外国最庄严之仪式，可由希哲、思顺帮同斟酌，拟定告我。惟日期最盼早定，预先来信告知，是日仍当在家里行谒祖礼，又当用电报往贺也。"

爹爹和妈妈听从祖父建议，同往加拿大渥太华，大姑梁思顺在那里的家中为他们筹备婚事，那时大姑的丈夫周希哲正在渥太华总领事馆任职。1928年3月21日，爹爹妈妈在姑姑和亲友们的见证下结为连理。他们选择这个日子就是为了纪念他们心中共同的偶像——《营造法式》的作者，宋代建筑大师——李诫。3月21日是宋代为李诫立碑树传的日期。婚礼上，母亲不想只是入西随俗、穿着千篇一律的西式婚纱，她自己设计了一套东方特色的婚礼裙装，还别出心裁设计了头饰，既有古典之韵又富有民族情调，这也可以说是她追求民族服饰设计的一次创作尝试。

婚礼以后，爹爹和妈妈返回纽约，从那里他们乘坐"荷兰国

1928年3月，林徽因与梁思成新婚
燕尔照

土"号邮轮于3月28日启程前往欧洲度蜜月。他们的这次旅行与其说是蜜月旅行，不如说是他俩一次早期的学术游历和建筑考察之旅。他们去了法国、意大利、西班牙等欧洲国家，亲眼所见，实地考察了那些他们耳熟能详的西方建筑古迹，这也为他们日后的建筑研究和教学取得第一手资料。这一趟"蜜月学术游历"背后其实也有祖父的热心推荐，他为这对建筑毕业生儿女贴心设计了一套"旅游计划"。

在他们出行前，祖父曾致信两位新人说："成、徽结婚的早晚，我当然不干涉。但我总想你们回国之前，先在欧洲住一年或数月，因为你们学此一科，不到欧洲实地开开眼界是要不得的。回国后再作欧游，谈何容易，所以除了归途顺道之外，没有别的机会。既然如此，则必须结婚后方上大西洋的船，殆为一定不易的办法了。"

祖父要他们到欧洲后"每日有详细日记"，并嘱咐日记不能间断，"日记固然以当日做成为最好，但每日参观时跑路极多，晚间疲惫，难全记，宜记大略而特将注意之点记起（用一种特别记忆术），备他日重现时得以触发。所记范围切不可宽泛，专记你们最有兴味的那几件——美术、建筑、戏剧、音乐便够了，最好能多做'漫画'"。在游欧路线方面，他曾建议他们除英、法、德等国外，要前往瑞典、挪威一行，"因北欧极有特色，市政亦极严整有新意"，到意大利要"把文艺复兴时代的美彻底研究了解"，还提醒他们此行"最主要的目的是游南欧"，包括西班牙和土耳其，在土耳其要"看看回教的建筑和美术，附带着替我看看土耳其革命后的政治"。

后来爹爹妈妈确实去到了法国、英国、瑞士、意大利、西班牙和德国，大概未去北欧和土耳其。这是他们唯一的一次联袂访问欧洲大陆。他们两人利用这一机会实地观摩了一些欧洲古代建筑物，就像是在"复习"他们从书本上学到的欧洲建筑史，这也成为此后他们在国内共同考察中国古代建筑的一次"预演"。

妈妈对西班牙印象颇深，他们于黄昏时分到达阿尔罕布拉宫，这座坐落在险要高地的城堡深深地吸引着两人，在他们诚恳的请求之下，守门人不仅为他们打开了已经闭馆的宫门，还自愿充当他们的义务导游。妈妈在抗战时期还写过一篇散文《贡那达之夜》，记述当时所见，赞美西班牙小城风情。可惜此文未发表，现在已找不到了。她重访伦敦时发现，尽管时间已过去八年，她当年的许多女友一直未婚也无男友，因为第一次世界大战中男子死伤太多了。她对此十分感慨。

此时祖父梁任公其实已经重病缠身，病榻上的他期待着新人的蜜月旅游报告："在养病中以得你们的信为最大乐事，你在旅行中尤盼将所历者随时告我（明信片也好），以当卧游，又极盼新得的女儿（林徽因）常有信给我。"祖父在1928年5月14日寄到巴黎给他们的一封信中说："你们沿途的明信片尚未收到，巴黎寄来的信已到了。那信颇有文学的趣味，令我看着很高兴。"

爹爹妈妈本来计划在欧洲度过整个夏天。1928年7月，他们

1928年，梁思成与林徽因从美国
乘船去欧洲

1928年春夏，梁思成与林徽因婚后经欧洲返回
中国途中

1928年春夏，梁思成与林徽因
婚后经欧洲返回中国途中

1928年，梁思成蜜月旅行时
在法国留影

在西班牙首都马德里接到祖父的来信，以及东北大学工学院的电报，请父亲回国立即前往奉天（沈阳），组建东北大学建筑系。

这份工作缘自他们的好友杨廷宝伯伯的鼎力推荐。1927年，杨伯伯先于父母回国，他作为天津"基泰工程司"的总建筑师，来到奉天（沈阳）负责设计"京奉铁路辽宁总站"。杨伯伯对于东北建筑师的匮乏有着深切感受。1928年春，东北大学计划建立建筑系，曾有意请杨伯伯担任系主任，他因工作无法分身，特别向学校力荐爹爹担任此职，为此杨伯伯专程面见祖父梁启超，并将东北大学建筑系筹建计划告知。当时东北大学工学院院长高惜冰欣然接受了这一建议，于同年6月将聘书送到祖父手里。从祖父写给爹爹的信中我们可知晓其间的聘任经过。

"东北大学和清华大学都议聘思成当教授，东北尤为合适……关于此事，我有点着急，因为未知你们意思如何（多少留学生回来找不着职业，所以机不可失）。但机会不容错过，我已代你权且答应东北（清华拟便辞却），等那边聘书来时，我径自替你收下了……那边的建筑事业将来有大发展的机会，比温柔乡的清华园强多了。但现在总比不上在北京舒服，我想有志气的孩子，总应该往吃苦路上走。"

"昨日杨廷宝来，言东北大学事，该大学理科学长高介清亦清华旧同学，该大学有建筑专系，学生约五十人，秋后要成立本科（前是预科），曾欲聘廷宝，渠不能往（渠在基泰公司），荐汝自代……廷宝谓奉天建筑事业极发达，而工程师无一人，汝在彼任教授，同时可以组织一营业公事房，立此基础，前途发展不可限量。渠甚望汝先往开辟，渠将来尚思与汝打伙云云。津沪等处业此者多难与竞争，我虽未得汝同意，已代汝应允矣。惟该系既属创办，汝之聘或即是该系主任，故开学前应有许多准备，故盼汝最迟能以阳历八月十号前到家乃好……"

爹爹和妈妈接到祖父来信后，即刻缩短蜜月游历，匆匆赶赴国内，这将是他们学成归来的第一份工作——赴奉天（今沈阳）创办东北大学建筑系，从此开启了他们共同的建筑教育事业之路。他们坐火车经西伯利亚回国，在漫长的旅途中，父亲和母亲已是踌躇满志，他们渴望着将自己所学和对中国文化的探索研究，融汇于即将开启的建筑教育实践中。他们在回国旅途中已大致拟好东大建筑系的筹建草案，一起研究商定着他们的课程计划。课程内容包括技法训练（图案、图画、营造法）、营建训练（应用力学、铁石式木工、图式力学、营造则例、卫生学）、美术训练（炭画、水彩、雕饰）、图形训练（图式几何、阴影、透视学）、建筑历史（西洋宫室史、中国宫室史、西洋美术史、东洋美术史）等学院派的古典主义训练，旨在"东西营造方法并重"，开启中国建筑教学新篇，培养中国新一代建筑师。

爹爹为这所全新创办的建筑系写下了办学宗旨。

你到东北大学一切与理科主任高惜冰接洽 你和他商量

姜必演你开学前到校也未尝不可 你懂着题便是姜还看

通聘得地最好 往返而不半星期的假 因为我很想你在家过

了九月十三日你妈妈的忌辰 这一天的祭祀前三年都是这样祭

年阿叔之祭 今年……敦你之驾不好 此且我为四年不见你 北望

你在我跟前多谈几天 初到新家即或天忙去准备 庙见神又北京

若长都来 没有多少闲工夫 话天全我多趁……快 又这大半年来你

们也真忙得……了 独在家中 当客休息或天也好

全家西在与高亲到 等着 庙见那天的热闹 我身……

越佳……我天你们一定 ……

<small>清华……学</small>

<small>九月一日 夕候身……</small>

<small>己……学……了</small>

梁启超关于东北大学聘任一事致信梁思成

溯自欧化东渐，国人竞尚洋风，凡日用所需，莫不以西洋为标准，自军舰枪炮，以致衣饰食品，靡不步人后尘。而我国营造之术亦惨于此时，堕入无知识工匠手中。西式建筑因实用上之方便，极为国人所欢悦。然工匠之流，不知美丑，任意垒砌，将国人美之标准完全混乱。于是近数十年间，我国遂产生一种所谓'外国式'建筑，实则此种建筑作风，不惟在中国为外国式，恐在无论何国，亦为外国式也。本系有鉴于此，在挽救此不幸之现象，予求学青年以一种根本教育。

东北大学

1928年夏天，爹爹和妈妈学成归来。眼见他们历经种种磨难和考验终于走到了一起，祖父由衷地感到欣慰，慈父深情溢于言表："……这几天为你们的聘礼，我精神上非常愉快。你想从抱在怀里的'小不点点'一个孩子盘到成人，品行学问都还算有出息，眼看着就要缔结美满的婚姻，而且不久就要返国，回到我的怀里，如何不高兴呢？今天北京家里典礼极庄严热闹，天津也相当的小小点缀，我和弟弟妹妹们极快乐地玩了半天。想起你妈妈不能小待数年，看见今日，不免起些伤感，但她脱离尘恼，在彼岸上一定是含笑的……"

当一对新人回到家中，见到爱子和钟爱的儿媳，祖父兴奋不已，他说："我以素来偏爱女孩之人，今又添了一位法律上的女儿，其可爱与我原有的女儿相等，真是我全生涯中极愉快的一件事。"祖父激动地写信给大家描述："新人到家以来，全家真是喜气洋溢。初到那天看见思成那种风尘憔悴之色，面庞黑瘦，头筋涨起，我很有几分不高兴。这几天将养转来，很是雄姿英发的样子，令我越看越爱。看来他们夫妇体质都不算弱，几年来的忧虑，现在算放心了。新娘子非常大方，又非常亲热，不解作从前旧家庭虚伪的神容，又没有新时髦的讨厌习气，和我们家的孩子像同一个模型铸出来。"

一天深夜，祖父忽然把爹爹和妈妈二人叫到房中，进屋以后，他们不明其就，却见病弱的祖父拉着他们说："我一个人睡不着，心里闷得慌，特别想和你们聊聊天。"对于爹爹和妈妈来说，重逢的喜悦和即将上任的匆忙，让他们没有意识到祖父的生命其实已到了最后的时间。

1928年9月，爹爹和妈妈随即启程赶赴东北大学。东北那时已经由"少帅"张学良主政，他为了稳定局势，不仅着手整顿军队、司法、内政和经济，而且大力兴办教育，并于1928年9月14日亲自任东北大学校长。这所大学是"大帅"张作霖于1923年办起来的，在这方面，他同日本人有过斗争。日本人当初认为，东北不需要办大学，东北人要上大学，可以进日本人在东北设立的大专学校，东北没有的科、系可以去日本读。张学良主政后不仅投资为东北大学扩建校舍，而且到全国延揽人才，为各科系聘请教师。爹爹和妈妈就是在这一时期受到东北大学聘请的。

妈妈在东北大学开学前曾在1928年8月回福州一次，把自从外公遇难后一直住在福州的外婆接到东北，从那时起，外婆就一直同我们住在一起。妈妈还从福州把她的二弟林桓和堂弟林宣也带到了东北。宣舅比妈妈小八岁，是东北大学建筑系第一班的学生，后来也成为建筑学家，解放后曾长期任教于西安冶金建筑学院。二舅林桓那时还在上中学，后来他回福州去了，以后又去美国定居。三舅林恒、四舅林暄和五舅林垣当时都年纪尚小，留在了福州。

在创办建筑系的初期，爹爹和妈妈俩人不仅是整个建筑系的组织者，也是这个建筑系仅有的两位授课老师。他们一切工作都要从零开始，既要应对繁杂的日常事务，还要为新生讲课。据宣舅回忆，他们在东北大学建筑系开设的课程中，母亲林徽因负责讲授美术和建筑设计，爹爹讲授建筑学概论和建筑设计原理，同时爹爹特别开设了建筑史课程，尝试着将西方建筑史和中国建筑史相融合，旨在培养"人类文化和历史的记录者"。一些东北大学建系的学生也曾回忆说，爹爹极为重视开班学生的建筑概论课程。学生回忆说，爹爹走上讲台第一句话就说："建筑是什么？它是人类文化的历史，是人类文化的记录者，它反映时代的步伐和精神……一切工程离不开建筑，任何一项建设，建筑必须先行，建筑是工程之王。"爹爹的讲课带着对建筑学专业的无比热爱和自信，给人以极大的感染力，许多学生日后对建筑专业的热爱也就是从这一堂课开始的。

正当父母全身心投入东北大学建筑系创办之时，1928年11月，他们忽然收到了祖父从医院的来信，一贯下笔长书、满纸神采飞扬的祖父，在简短的信文中字迹潦草，少见地承认自己是"精神委顿"。爹爹和妈妈急忙赶回北京，不曾想往日充满活力的祖父，短短几个月的时间里身体已经病到如此严重的程度。其实祖父在1926年早春就已经发现尿中有血，随后他到医院检查中发现，一侧肾脏已有病变，并随即在医院做了肾脏切除手术，可是手术后仍不断便血（我在解放后才知道这次手术是一次重大的医疗事故，医生误将健康的肾切除而留下了有病灶的肾）。爹爹和妈妈归来之初见到祖父的几个月里，他还能够坚持研究和写作，但到了11月，他已不能起身伏案工作了，不得不入住协和医院。1929年1月19日，祖父梁启超过早地去世了，终年56岁。

祖父的猝然离世，世人感到意外和震惊，亲友悲痛欲绝，爹爹和家人都无法接受这个事实。爹爹一直认为"我父亲一向非常健康很少生病……"在家人朋友面前，祖父没有一天不是快乐和满足的。祖父一向乐观而不知疲倦，虽然后期从政坛隐退，在天津"饮冰室"书斋，他完全沉浸在学术研究的海洋中，每日手不释卷，文章论著超过1400万字，日日下笔千言，几乎没有一天歇息。即使在他备受病痛折磨的最后岁月里，他依然带病在学术海洋中奋力遨游。1926—1928年经历了肾脏切除手术之后，他的一封封长篇家书遥寄太平洋彼岸，对于学习中的孩子们可谓关怀备至，对他们每人所给予的心灵和学问上的指导可以说无人能及，给予孩子们的生活上的呵护和人生鼓励堪为最暖人心的慈父寄语。在他最后的日子里，仍然事无巨细操办着爹爹和妈妈的婚事，为爹爹的工作和职业选择操心奔波。但是，在祖父给孩子们那一大摞信件中却很少提及他自己的病痛。

至亲至爱的慈父离去了！这时爹爹和母亲回国还不到半年，爹爹不满28岁，妈妈也未满25岁，此时他们的工作刚刚开始，尚未到而立之年的爹爹，正值事业开端，却痛失这位亦师亦友的父亲，爹爹和妈妈当时的悲恸可想而知。此时，对于爹爹和妈妈来说也是他们面临人生考验和重大转折的时刻。祖父的离世，让作为梁家长兄长嫂的爹爹和妈妈必须承担新的角色，他们不仅会时刻想念缅怀他们的父亲梁启超，更要牢记父亲的嘱托，肩负起家庭责任，照顾好婆王桂荃和兄弟姐妹们，要像祖父那样成为家庭的支柱。此刻爹爹深切体会到祖父的成家立业之重，感受到其父多年来鼓励帮助他们成为自立自强之人的良苦用心。

在今天的香山植物园，爹爹为他的父亲献出了学成回国的第一件作品——亲手为祖父设计了墓园和碑亭。梁启超墓是梁启超与夫人李蕙仙的合葬墓，坐落于北京香山卧佛寺的东面，即现今北京植物园内的裸子植物区。这里是一座优美的墓园，墓园的北面背靠长满绿树的高山，南面较平坦开阔，园内路旁的矮松柏墙如今已长成高大的环绕柏树。墓地西侧有一座八角绿色琉璃瓦顶小亭，颇有爹爹的设计风格，也曾是家人扫墓相聚之地。祖父梁启超和祖母李蕙仙，还有我们的婆王桂荃等几位家人，常年隐身在这幽静淡然的青山翠柏之中。

墓碑雄伟壮丽，约四米高，建立在一个由人工筑起的平台上，由浅黄色花岗岩刻成。碑前连接一供台，高七十五厘米，两侧连接浅黄色花岗岩与衬墙，上以斗栱承接尾盖。墓碑、供台与衬墙成为一体。整个墓坐北朝南，这是中国的老规矩。碑的正面竖写着：

先考任公府君暨
先妣李太夫人墓

背面是儿子、儿媳，女儿、女婿及孙辈立碑者的名字。

在20世纪70年代某一天，我和老伴来到梁启超墓，他指着墓碑上最后孙辈的名字不解地问道："梁启超儿女'思'字辈我皆已认识知晓，只是这位'梁任孙'不知何许人也？"

我答："就是鄙人！"

祖父去世时，妈妈刚怀上我，曾暂给我起名"梁任孙"，意为梁任公之孙或孙女。

1929年8月，也就是祖父去世半年多之后，我在北京出生。爹爹妈妈为我取名"梁再冰"，以此纪念祖父梁启超这位"饮冰室老人"。这时他们已经在奉天东北大学任教一年，也在这里安下了我们的第一个家。

这时东大建筑系的学生已增加到近20人，教师除了父亲和母亲，还有陈植和蔡方荫两位实力派海归教授加入。陈植伯伯是爹爹在清华学堂的同班同学，他的叔叔陈叔通是祖父梁启超的朋友，我们两家也是世交。不久之后，爹爹的好友、他极为欣赏的童寯伯伯也来了。他们一起组成了一支充满激情、才华闪耀的青年教师团队。在这些伯伯中，我最熟悉的是陈植伯伯。后来他一直住在上海，活到百岁高龄。他去世前一两年，我还同他通过电话，听到了他熟悉爽朗的笑声。他告诉我，他清楚地记得我在东北时的样子。

父亲和母亲与他们的教师团队，除了在建筑系教书以外，还一起在东北开办了建筑事务所，参与了东北等地的建筑设计方面的工作，设计了吉林大学总体以及教学楼和宿舍等。妈妈设计的

林徽因望着襁褓中的女儿梁再冰

1929年夏秋，林徽因
抱着女儿梁再冰

1929年夏秋，林徽因与女儿
梁再冰在东北大学

1929年，林徽因与女儿
梁再冰在东北大学

1929年，梁思成与女儿
梁再冰在东北大学

1929年，林徽因于沈阳东北大学

1929年，林徽因设计的东北大学校徽
"白山黑水"

"白山黑水"标志还被选中，成为东北大学的校徽。

与此同时，爹爹和妈妈开始对附近一些古建筑展开实地考察测绘，比如他们细致勘察测绘了位于沈阳北郊的皇家陵寝——北陵。这也为他们后来的古建筑实地测绘和考察打下了基础。爹爹在这些测绘中意识到，他上学时使用的英制单位并不实用，从此之后他便使用公制单位了。

在教学上，虽然东北大学建筑系尚属初创，但这支青年教师团队，已展现出不凡的教学新风，他们不仅业务专长互补，相互协作密切，而且他们的课程设置新颖，教学方法实用活泼，大课堂绘图时老师同学济济一堂，老师们各亮"绝活"，年轻学子们备受感召和鼓舞，学生们不惜通宵达旦自觉用功。

仅仅几年时间，这个年轻的建筑系便已形成了它独有的教学文化，成为当时东北大学里最健全、最用功、最和谐的一个系。这是国内的第一个大学建筑系，虽然开办不久，却培养出了刘致平、张镈、赵正之、林宣等一批优秀建筑师人才，他们也是我国最早自己培养的一批卓有成就的建筑师。

随着日本侵略者的铁蹄打破了东北的发展进程，东北变得动荡不安，东北大学也在风雨飘摇之中，爹爹和妈妈的建筑教

073

1929年，梁思成与林徽因测绘
沈阳北陵

东北大学教工宿舍门前（坐者左起刘崇乐、傅鹰、
陈植、蔡方荫、梁思成、徐宗漱，后立者为陈雪屏）

育事业不得已被中断。1930年妈妈因为有了我，又患上了肺炎，不得不离开寒冷混乱的东北回到北京养病。同年2月陈植伯伯离开，加入上海华盖建筑师事务所。1931年暑假时，爹爹将系里的工作交给了童寯伯伯，在万般不舍之中，他结束了东北的执教工作。爹爹不忍长时间与我们分隔两地，他准备回到北平，去接受中国营造学社的聘请，开启他执念已久的中国古建筑考察研究的事业新篇。

1931年秋天，"九一八事变"发生了，那时候我才2岁。父母后来告诉我，当时并没有料到会发生这么大的事，所以那次回北平的时候还只当作放假离校，带的东西也很少，我们将东北的家锁上门就离开了，家里的东西原封未动。"九一八事变"以后，我们也回不去东北，整个家都没有了，所有的东西也不知去向。现在想想，不仅日常用的东西没有拿回来，就是爹爹妈妈从美国带回来的书籍、笔记，以及他们取道欧洲回国时在很多地方对欧洲古建筑进行测绘的记录，大多留在那个家里，也都荡然无存了。这是爹爹妈妈建立的第一个家，也是我的第一个家，就这样在一夜之间失去了。

1931年初，日本在东北地区的军事包围已经变得明目张胆，东北危在旦夕。日军的入侵常常会最先捣毁中国现有的高校和文化重地，所以在"九一八事变"后，东北大学的教学举步维艰，不久就被迫关闭了，很多学生都流亡到内地，其中包括后来在营造学社工作的刘致平、赵法生、陈林轩等，他们都是爹爹在东北大学的学生。最后东北大学建筑系被迫南迁，童寯伯伯带领一批学生南下。1932年初他们进入南京中央大学建筑系，在童伯伯的竭力栽培下，这批学生于1934年毕业。爹爹接到童寯伯伯的信，激动万分地写下了《祝东北大学建筑系第一班毕业生》一文。

"……现在你们毕业了，你们是东北大学第一班建筑学生，是'国产'建筑师的始祖，如一只新舰行下水典礼，你们的责任是何等重要，你们的前程是何等的远大！林先生与我两人，在此一同为你们道喜，遥祝你们努力，为中国建筑开一个新纪元！"

中国营造学社

1931年秋天，爹爹接受了中国营造学社的聘任，正式加入学社，成为法式部主任。

中国营造学社这个成立于1929年的私人学术团体，当年在北平的几间民房中悄然而立，门口没有挂牌，屋内几张桌椅，上班者不过三人。然而这个不起眼的学术小团体在短短十几年中，期间还经历了战乱的贫困和离散，不仅取得了惊人的学术成果，还开辟了建筑学研究的全新视野和方法，培育出一代业界顶级学术人才。多少年来，它的成果一直滋养着中国建筑学界。

中国营造学社成立至今已有九十余年，差不多与我同岁。那时的学社是个小团体，它没有今天的名气，有时我介绍父母的工作单位还真挺麻烦，因为它太小了，常常需要煞费口舌地解释，但是人家最后还是搞不明白——中国营造学社到底是个什么单位？今天"中国营造学社"已经成为建筑学领域一个非常"响亮"的名字，我以为这个名字的神来之笔，不在那块招牌而是那群人，在于他们那个团队。我们最应该致敬的是这个杰出的团队。营造学社在朱启钤先生的领导下，父亲梁思成任法式部主任，刘敦桢任文献部主任。刘敦桢伯伯是营造学社的另一位关键人物，他毕业于日本东京理工大学，后在南京中央大学建筑系任教。他们在中国建筑研究方面志同道合，彼此十分尊重，长期坚持合作。加上人才济济的其他研究人员，这个出色的团队是学社短期内取得丰硕成果的坚实基础和重大成因。

朱启钤先生是中国营造学社的创始人，是一位出色的管理者和组织者。晚辈们多尊称朱启钤先生为朱桂老，他是提出和建立

1931年，梁思成、林徽因加入中国营造学社后于
北平合影

"营造学"研究的第一人，也是帮助、引导父亲走上中国古建筑
系统研究的一位引路人。朱桂老同时是一位爱国社会活动家，他
参与的国家大事很多，涉及的领域非常广泛，并且他非常喜欢中
国建筑，想把中国古建筑研究清楚。中国的古书多得可称汗牛充
栋，但是关于建筑技术方面的文字资料几乎是凤毛麟角。而前文
提到的北宋李诫所撰的《营造法式》便是朱老先生于1919年在江
南图书馆发现的，这是北宋京城宫殿建筑的营造手册。李诫是给
宋徽宗盖宫殿、设计庭园的工部侍郎，爹爹认为他是一位很了不
起的建筑师。

爹爹在美国收到朱老先生通过祖父寄来的《营造法式》，这
本书所带给爹爹的震撼，可谓一种颇具文艺复兴式的启蒙和顿
悟。从那时起，这本天书将陪伴他一生，破解这本"天书"成为
爹爹的梦想和追求，引领他走上一条充满荆棘却精彩非凡的建筑
人生之路。

在"九一八事变"之前，日本侵略者的阴影深深笼罩着东
北，爹爹和妈妈曾经怀揣的建设东北的梦想也难以实现了。所
以朱老先生请爹爹到营造学社作研究时，爹爹马上就同意了。
从1931年开始，到1946年他创办清华大学建筑系以前，爹爹

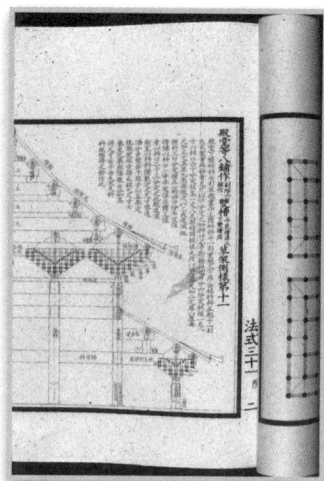

宋代"天书"——《营造法式》

在中国营造学社工作了十五年。中国营造学社，这个专门从事中国古建筑研究的机构，让爹爹得以施展其志，他更是不负众望，倾注全部心血于古建筑实物的考察测绘和资料积累与研究上。这也是父亲梁思成建筑研究生涯中非常富有朝气、硕果累累的一个时段。

我对这个与我的家庭密不可分的营造学社有着某种特别的感情和理解。伴着它一起成长，我愈发体会到在这个学社成员之间始终有着一种与众不同的共性和默契。朱启钤老前辈、爹爹和妈妈、刘敦桢伯伯、莫宗江、刘致平、陈明达以及学社的同仁们，他们之间极有共同语言。他们的相通源于一种对建筑营造学共同的认知和理念。这些学社成员与那位宋代的李诫虽隔着许多朝代，却也堪称是超越时代的"知音"。他们之间有着匠人之间对于营造学和艺术的心领神会，有着"心有灵犀一点通"的默契。当他们看到建筑实物时，他们会感受到一种特殊的震撼，每当看到那些古代神奇的建筑，他们不仅会欣赏那些匠人的工艺，更要去探索和发现这些古建筑是怎么设计出来的，是如何创造出来的。学社人更能深切感受每个时代营造者们那种非凡的创造性，体验寻求其中的创意与灵感。所以营造学社的人总让人感到某种与众不同，他们钻研古建筑有其基于匠人和营造者的一种特别感受，只有懂得匠人，或许是那些有着匠心的大匠学者才能深刻感受和领悟到。

1931年秋天，爹爹着手开展营造学社的工作，他明白，光从书本上研究建筑是行不通的。建筑是一种有形有体的物体，研究必须要基于实物进行。既然要研究中国古代建筑，就必须要找到中国古代建筑的实物，做实地考察，针对建筑结构研究，而不能像那些外来游历者一样看看外观、看看彩画、房顶，照照相就结束了。爹爹说："近代学者治学之道，首重证据。"

《营造法式》是他当时唯一能找到的关于中国建筑建造的书，里面的术语看不懂，他就想把这本书破译——从这里可以看出来爹爹个性里非常执着的部分。这本天书，语言上看不懂，书上的插图也不大科学，无法形成解释，一般人到这里就会放弃了，但爹爹他不会，他对他所热爱的文化有着一种非常执拗的坚持和勇于开拓的首创精神。《营造法式》是宋代的书，出版于公元1100年代，到现在已经九百多年了。爹爹说宋代离得比较远，先从最近的清代建筑开始，可以更为明确。爹爹讲道："要了解古代，应从现代和近代开始；要研究《营造法式》，要从《工部做法则例》开始；要读懂这些巨著，应从求教于本行业的活人——老匠师开始。"当时的北平满大街都是清代的建筑，像故宫，还有天坛、北海，这些都是明清时期留下的建筑，而且维修过这些清代建筑的老匠人很多都还健在，他们很有经验。朱老先生也认识这些老工人，向爹爹和他的同事们推荐了那些建造宫城的木工、砖石、彩画的工匠师傅们，也在市场上收集到很多散落的宫廷工匠制作的帖子、口诀、记录等，还找到了一本清代关于建筑规范的书——清工部《工程做法则例》。他们开始测绘北京城里清代的建筑，然后去请教那些老匠

1934年，梁思成在河北蓟县
独乐寺调查

人，逐个询问部件的名称，听他们讲，再同他们一起研究。光知道部件名字、知道它用在哪儿是不够的，还需要研究了解清楚这个部件在整个建筑构架中发挥的作用是什么。爹爹和学社团队的研究因此得以快速深入。

爹爹迈出了古代建筑研究的第一步。他们拜老木匠和彩画匠为师，以故宫和北京的许多其他建筑为教材"标本"，总算把清工部《工程做法则例》彻底搞懂了。在整个研究过程中，妈妈是跟他密切合作的。他们很快将老匠人们的口诀和各种资料以及"天书"部分地"翻译"出来，即用现代建筑语言和建筑师们看得懂的工程图画法展现出来。最后他们的成果汇成了一本名为《清式营造则例》的书，1932年就写完了，1934年才出版。在该书的序言中，爹爹向朱启钤老先生表达了他深情的致敬："若是没有先生给我研究机会和便利，并将其多年收集的许多材料供

1933年，林徽因于河北正定
开元寺檐下

1933年，梁思成在山西大同
善化寺普贤阁檐下

我采用，这本书的完成即使能够实现，恐怕也要推延到许多年后。"这本书一直到现在还被作为中国古建入门的教科书。

在北京城里走出的这第一步，为爹爹提供了研究更古老的建筑的一把钥匙。这时他已经不满足于清代的建筑，想到北京野外去考察。恰好在1931年的秋天，杨廷宝伯伯告诉爹爹，他看到了一些河北蓟县独乐寺的照片，那座建筑很独特，房顶、斗栱等都跟近代北京城清朝的建筑不一样。爹爹一听，非常兴奋，当下就想去实地调研，但遇上北京与蓟县之间的河流洪涝，等到1932年4月，春天水退了他才得以过去。那次的考察除了营造学社的工作人员以外，我五叔梁思达（后成为经济学家）也跟着一起去了。

他们第一次野外考察即有了重大发现——河北蓟县独乐寺，那是当时发现的最古老的木构建筑实物，爹爹在这座辽代建筑中，找到了困惑他已久的《营造法式》中若干问题的答案，这些都不曾在明清建筑中找到，却在这座早于《营造法式》的辽代木构中赫然发现，爹爹"顿然开了窍"。从这里开始，爹爹真正开始了他的古建筑实物考察的科学研究。这些比较有文物价值的古建筑一般都在穷乡僻壤的地方，而当时交通很落后，农村的情况也很艰苦，但是爹爹和妈妈还有营造学社的同事们不畏艰难，整日翻山越岭，坚持到乡下去考察。十五年间，特别是战前的七年（1931—1937年），他们辗转十五省两百余县，实地考察测绘了2738处古建筑，为战争中抢救保护古建文物和日后中国建筑研究体系的建立提供了重要的实据和研究基础。

回忆我幼年时住在北平的生活，从我记事起，我的家庭，爹爹梁思成和妈妈林徽因，乃至全家的大小事务，几乎无一不与这个营造学社息息相关。

那时候，父母总是外出考察，我常常喜欢搬个小板凳坐在北总布胡同三号的院门口，焦急地等待着野外考察回来的爹爹和妈妈。每次他们野外考察回家后，总是特别亲近我们，我和弟弟的

1934年考察山西晋汾地区途中，前面车上是梁思成
与林徽因，后面车上是费慰梅

1934年，梁思成与林徽因考察山西民居

1934年，梁思成在山西太谷资福寺大殿檐下

1935年，梁思成、林徽因于北平天坛祈年殿顶

童年过得十分愉快温暖，他们对我们非常爱护关心，但是我总觉得他们有一个比我们更广阔的世界，比我们这个小家要大得多的世界。我很小就有这个感觉，我们这个家只是他们那个很大的世界的一个角落吧。

北总布生活

从"九一八事变"（1931年）之后到"七七事变"（1937年）之前，我们家在北平（北京）东城北总布胡同的三号院住了六年。这是爹爹妈妈建立的第二个家，也是我记忆中的第一个家。我在这个房子度过了从2岁到8岁的童年时期，这也正是我开始记事的时候。

林徽因与子女在北总布胡同三号家中

那时候许多温馨美好的琐事，直到几十年后也还记忆犹新。

那里靠近东城墙根，是一个两进四合院，大大小小一共有四十来间屋子。我记得，我很小的时候，妈妈常拉着我的手在北面的院子中踱步，院里有两棵高大的马樱花树和开白色或紫色小花的几棵丁香树。夏末秋初，院中蝉鸣不止，许多红色的马樱花落在石板地上。院子中间有一个小小的花坛，里面种着鸡冠花和喇叭花，我就是在这个院子中认得这几种花的。我还记得妈妈教我写字认字，曾教我写"摇曳的树影"这几个字。妈妈为我做布娃娃，她用袜子塞上棉花，用布绷上脸，在上面画了一张超级可爱的脸，这个布娃娃那时是我最要好的朋友。这条胡同现在还在，但我们三号院已经不复存在了。

> 此刻身处这个安静的世外桃源的院落，紫丁香绽放，桃花粉彩飘然而落，粉红色的榆叶梅微微发芽，即将破芽而出（像是某位音乐人的灵感）。这里，我静静地坐下来（每个人都出去了），清晨的阳光优雅

1935年，林徽因与子女在北总布胡同三号家中

北总布胡同三号客厅一角

地斜照在这里，在花园小径上投下"树叶"的阴影。
湛蓝的天空没有一丝云彩，映射着我此刻涌上心头的
万般心绪——意指我内在和外在的，我正在诗意和情
感中畅游，却不想被院子里的动静打扰了，我妈妈来
院子晾晒她的皮草，这个花园小院此时不再只听鸟儿
蝉鸣。

　　……宝宝靠在我的肘边，她在试穿一条新红色连衣
裙，是我这位聪明的服装设计师妈妈用海伦的裙子改装
而成的！她兴奋地看着这条漂亮红裙，此刻正惊讶地看
着裙子腋下拼凑了多少碎片！

引自林徽因的信

　　在北总布胡同是我们家生活相对稳定宽裕的一段时间，爹
爹妈妈也都年轻，身体也比较好。爹爹每天早上开着他的旧汽车
去营造学社上班，他上班的时候，妈妈有时候自己写一些东西，
早上她就在客厅里一角的书桌上写，妈妈写作的时候我常常待在
她旁边，她写累了，或者看我太闷了，就拉着我在院子里散步。

家里许多照片都同古建筑有关系，照片里的爹爹妈妈不是在房顶上，就是在大梁斗栱之间。有时他们在家里晒蓝图，洗澡盆里常常泡着许多底片，然后拿到院子里晒成蓝图，学社很多同事像刘敦桢伯伯、老莫（莫宗江）、刘致平等都常来在此忙碌，也常见纪玉堂师傅在家里帮忙。我那时经常在他们身边，在这里我最早看到他们使用丁字尺和三角板。他们画图的时候，我也坐在旁边，他们还给我一个小小的三角板，让我也在旁边画。

我还记得，每当我生病时妈妈总是给予我无微不至的体贴和细心照料。那时候，生活条件较好，我和弟弟的卧室是在北院的一排西厢房（朝东）中，有保姆照顾日常生活。但每到我生病时，妈妈就把我抱到她的卧室中，自己照料我。我常犯胃病，稍吃油腻就会反胃，有一次呕吐得很厉害，连喝水也吐，最后渴得不行，但越渴，越喝，越吐。妈妈就把我抱到她房里，一点一滴地喂我喝水。晚上她把一小茶壶水放在我床边，告诉我渴时只能"抿一口"。我夜里醒来发现她根本没睡，一直在听着我的动静。

我生病时总觉得妈妈既是母亲，又是医生和护士，十分万能。她很少带我去医院，总是在咨询医生后自己护理我。她兼有医生的观察和判断能力、护士的细心和妈妈的体贴。一般我不生大病的时候她不太管我，就让我跟弟弟自己去玩，但一生大病她就把我们抱到她卧房去。妈妈照顾病人非常细心，因为她从小就照顾比她小十岁左右的弟弟、妹妹，很有照看小孩的经验。弟弟出麻疹了，她也把他抱到房间去；我腮腺炎了，她也把我抱到房间去。所以每到生病时，只要妈妈在身边就会很安心，知道她会想尽一切办法减少我的痛苦，她不在身边我就会觉得很紧张、很委屈。

外婆住在外院的一排南房中，我们住的这一排房朝北，但经爹爹妈妈的装修，这排房南面也有窗，因此屋里采光很好，也暖和。外院的东厢房是我的"书房"或游戏室，同外婆靠得比较近。外婆喜欢养蚕，春天我常到她房中看她的蚕从黑色的幼虫到

1933年前后，梁思成与儿女

白色的成虫，再到吐丝作茧。我想，生在杭州的妈妈小时候大概也有这样的体验。

那时候的北平晚上很冷，比现在冷多了，烧大煤炉子也不暖和。晚上爹爹妈妈怕我踢被子，两个人常常给我盖被子，又在被头上别一个别针，免得我把被子踢掉。我生病时，他们两个人总是合作喂我吃药，有些药很难吃，两人一块儿逼我把药吃下去。还有吞药丸，我怎么吞也吞不下去，爹爹妈妈就不断地给我示范，教我怎么吞药丸。

在这所房子里，妈妈还给我抱来一只小猫，它是我的第一只猫，从此以后我就同猫有了不解之缘。我还模糊地记得那天在两个院子之间有垂花门的廊子东头，在一间小屋里，妈妈把这只小猫抱给我，让我给它起名字。我不知从何而来的灵感，随口说："叫它'明儿好'吧！"从此这猫就叫"明儿好"了。但后来它身上生了跳蚤，妈妈用樟脑丸涂在猫身上，想消灭这些跳蚤，结果猫舔食后死了。妈妈十分后悔，多年以后还在为这件事而自责。

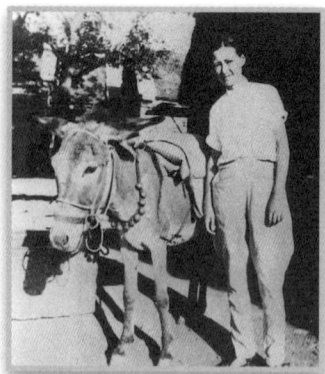
1932年前后，林徽因于北平香山

　　爹爹和妈妈还曾送给我一只小白狗，想帮助我克服那时十分怕狗的心理。这只狗非常小，像个玩具，为了强调它是我的狗，他们给它起名"冰狗"。"冰狗"来的时候还同"明儿好"个头相当，后来"冰狗"长得很大了，"明儿好"还是那样小。

　　在北总布胡同家中，爹爹为我设计了我最爱的"儿童房间"，房间里所有的书桌书柜，都是爹爹亲手设计制作的。儿时他常教我折纸，他随手折出的纸品都精美无比。记得爹爹把着我的手作画，神奇之间，只寥寥几笔，眼前便出现了院中的大树和美丽的房子，还有我可爱的"明儿好"和"冰狗"也一同跃然纸上。他几笔勾出的画面正是我最熟悉的家园，身临这幅美丽的图画之中，依偎在爹爹身旁一起作画，那幸福的情景，多少年过去了，依然还是这般清晰地留在我的记忆之中。

　　他们也常常带我们出去玩。我现在还记得那会儿的北京各大公园，故宫、中山公园、太庙、北海、中南海（那个时候中南海是开放的）、天坛、颐和园、香山、卧佛寺等。我很小还不记事的时候也去过北戴河。妈妈说，我第一次见到大海，那天浪高风大，小不点的我"委屈地"对着大海放声大哭，爹爹和妈妈二人被逗得一起哈哈大笑。

北总布胡同三号不仅是我的家，也是我的姑姑、叔叔、舅舅和姨们长住、短住或度周末的家。妈妈自小就是家里的"大姐"，又是梁家兄弟姐妹们的"二嫂"（爹爹行二，但伯父早夭），由于对弟妹们真挚、关爱、亲切，所以他们都愿常来我家，而且常常把自己的同学和朋友们也带来。

三舅林恒上中学时一直住在我家，那时他住在里院东厢房（饭厅）北头的一间屋子里，每天骑车去汇文中学。妈妈很爱这个舅舅，我也很爱他，总到他房间去玩。

三姑梁思庄结婚时妈妈很是张罗了一番。后来三姑到广东去了，三姑父因病不幸去世后，她带着2岁的女儿吴荔明回到北平时也住在北总布胡同三号，我就是这时第一次见到了我这个非常好玩的小表妹的。

五姑梁思懿那时是燕京大学历史系的学生，同妈妈很谈得来。1935年"一二·九运动"，学生要求南京政府坚决抗日，五姑是学生运动骨干，后来上了黑名单。她当晚就跑到我家，向爹爹妈妈宣布"鄙人现已被捕"。妈妈立刻在自己的卫生间里为五姑"化妆"，先用火箸子为她烫发，然后又让她穿上绸旗袍，戴上耳环，把从不涂脂抹粉、只穿蓝布大褂的五姑打扮成了一个"少奶奶"。爹爹随即自己开车把五姑送往车站，让她乘火车去上海。后来五姑终于脱险。

1932年8月，我的弟弟出生，爹爹妈妈出于对李诫的敬意，为他起名"从诫"。

也是这一年，他们结识了来到北平研究中国文化的美国朋友John Fairbank和Wilma Fairbank，爹爹还为他们起了中文名字——费正清、费慰梅。1934年爹爹妈妈去山西考察时，费正清夫妇还与他们同去了。他们四人间的友谊贯穿了此后的一生。

这段时间妈妈的心情很好，健康状况也好转了。此后她常常同爹爹一起到华北各地农村去进行古建筑考察测绘。当时农村的交通和住宿条件都很差，所以，这些考察活动对于过去生活上未

1935年，梁思成、林徽因与费慰梅合影

受过多少磨炼的她来说，是一种新的体验和锻炼。这些考察活动不仅使他们的建筑史研究工作取得丰硕成果，而且使妈妈开始对中国农村有了感性认识，思想上的触动是深刻的。从她这一时期写作的《窗子以外》等文学作品中，可以看出她当时的心路历程。妈妈写作总是把真情放进去，很感人也很打动人，我尤为喜欢妈妈那些开朗、神采焕发的诗句，看了让人感到欣喜和奔放。1934年，妈妈写下了这首让人倍感愉悦的诗作《你是人间四月天》。

你是人间四月天

我说你是人间的四月天
笑音点亮了四面风；轻灵
在春的光艳中交舞着变

你是四月早天里的云烟
黄昏吹着风的软，星子在
无意中闪，细雨点洒在花前

那轻，那娉婷，你是，鲜妍
百花的冠冕你戴着，你是
天真，庄严，你是夜夜的月圆

雪化后那片鹅黄，你像，新鲜
初放芽的绿，你是，柔嫩喜悦
水光浮动着你梦期待中白莲

你是一树一树的花开，是燕
在梁间呢喃，你是爱，是暖
是希望，你是人间的四月天

　　这些农村地区的考察活动实际上也成为抗战时期他们从北平
到西南后方长途跋涉的一次"预演"。如果他们在战前没有这些

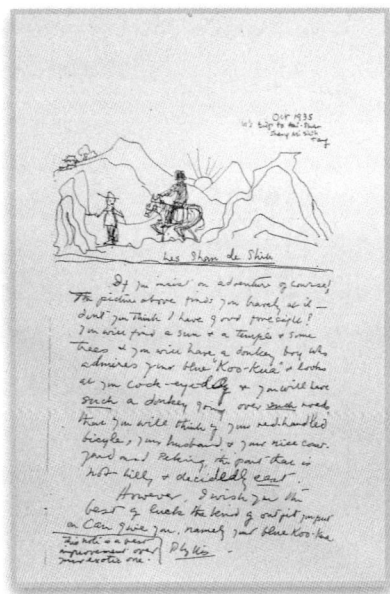

1935年，林徽因致费慰梅的信

梁思成（左二）、林徽因（右二）与费正清、费慰梅等
友人在一起

1935年，林徽因（中）与梁再冰、金岳霖、费慰梅、
费正清等在北平天坛交谈

林徽因与金岳霖及斯坦因合影

在农村地区生活和工作的经验，我想，抗战全面开始后，他们将更难适应生活的巨大转折和随之而来的艰难困苦。

北平北总布胡同的四合院我们的家中就这样总是时时回荡着亲友们的欢声笑语。爹爹妈妈的朋友有很多，大多都是清华、北大、南开这些学校的教授们，还有一些作家，他们都常到北总布胡同三号来做客。此外，学社成员、家里的亲朋好友来来往往，络绎不绝，往往是周末下午来喝"梁家下午茶"和聊天，晚上一起出去吃饭。

亲朋好友喜欢来家中相聚畅叙，因为这里是一个思想交流之地，大家在交谈中相互启发，引发更多的思考和学习。妈妈也是一位乐学好知的人，她的聚会也是她重要的学习场地，她急切地表达自己的所知所学，同时她也是聚会上最重要的一位聆听者，她老是要跟人交流意见，巴不得你跟她讨论或者辩论。因为这样的思想交流，让她从中学到很多书本上没有的知识，由此她也受到智者们的点拨启发。别看她整天侃侃而谈，见了人她总是觉得自己水平不够，认为自己的中文不够好，英文也不行，这个也不懂，那个也不懂，她老想学，称自己的中文线装古书底子不如爹爹，而英文与那些英文真好的人也相差甚远，她总是拿她的弱点跟人家比。

妈妈也特别喜欢和年轻人交流，她热情对待每一位走近她的年轻人，倾心与他们交谈，极尽肺腑之言。她性格奔放，创意连绵，少有郁闷沉沦，总是启发年轻人乐学好上，和她聊天一点都不会感觉沉闷，她更乐意给予他们中肯实际的指点和帮助，许多弟子和学生在回忆中都提到，因为林先生的指导而有了不一样的人生。

据萧乾前辈回忆："林徽因说起话来，别人几乎插不上嘴，她的健谈绝不是结了婚妇人那种闲言碎语，而常是有学识、有见地、犀利敏捷的批评。"他常想，倘若能有人将"这位述而不作的小姐""那些充满机智，又风趣的话一一记录下来，那该是多

May 7th '36

Wilma, Wilma, Wilma (I have to adress the envelope to John because it is more proper for Ballie)

I have been in the yelling mood ever since your last delightful letter, now that another one has come I must answer you right away. There has been a long sometime I didn't (or couldn't) write to you people because of a 'gap' caused by your sending letters not via siberia and took over fifty days each to come (except one which came a little sooner but it must be one that was written later.) So everything got terribly upsetting — We loved the "type-written reports" of whereabouts or whatabouts, but emotionally they are a bit unsatisfactory.

You sound worried about my ways of life; running around helping people in general, lots of worry & no excercise etc. well, sometimes nothing can be done, it is almost fatal I should slave & waste myself on trash always, till — I mean unless circumstance itself take mercy on me & change. So far the circumstance is none too good for Phyllis the individual, though very smooth for the same person in all the capacities as a family member. The weather is glorious everybody has room repapered refurnished decorated to reassume life in better shape let me give you a picture to show how it is.

林徽因致费慰梅信（一）

096

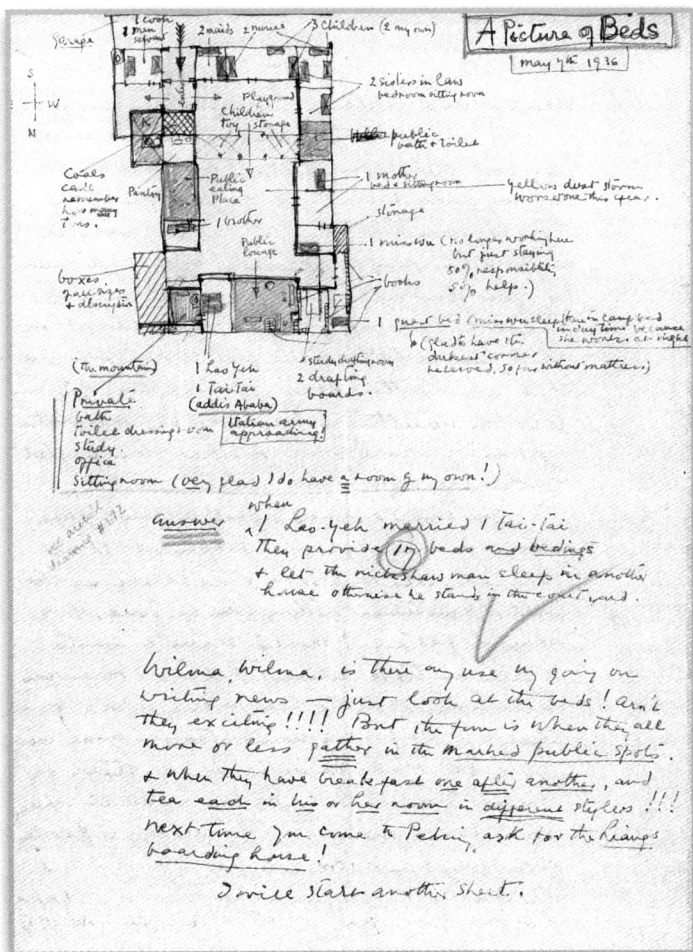

林徽因致费慰梅信（二），此页中描绘了北总布胡同三号院的平面图

097

费慰梅为林徽因所画的素描

么精彩的一本书啊"。

每逢周末举办的这样的家庭聚会让人感受到一种求知求学的热情，参与者会情不自禁自然地融入其中，聆听之时会不自觉地去模仿他们的表达，他们互不相让的争论也会让人有更多的思考。面对这个神奇的世界，你可以永远年轻，可以活到老学到老。

这些来访的朋友们很多都是他们的终身好友，战前他们每个星期六在北总布胡同中参加高朋满座的下午茶聚会，在抗战时期风雨同舟，解放后一起迎接新生活。那时只要爹爹妈妈在家，我们家里就会很热闹，我的情绪也特别好；他们一外出考察，家里就很冷清，我也会特别想他们。

这些朋友之间的友情十分深厚，历久弥坚。尽管他们的学术专业领域各不相同，但有大体相同的文化背景：大多是少年时期受过严格的中国传统文化教育的浸染，后来留学欧美，回国后或在大学里教书，或从事其他学术研究，年龄与我父母同为三四十岁或稍长，当时都满腔热忱地想把自己的全部知识奉献给中国这个有着古老文化传统却十分贫穷落后的国家，都正在脚踏实地地做着开拓性的文化建设工作。日本在占领东北后得寸进尺，步步逼近华北。国家已临近危急存亡的关头。在这种形势下，他们都为中国的前途感到担忧。妈妈后来告诉我，在他们的聚会中，"时局"是大家最关心的一个主题。因为当时日本人占领了东北，又对华北虎视眈眈，他们都很着急。爹爹妈妈还有他们的同事刘敦桢伯伯及营造学社同仁，就加紧了对中国古建筑考察的步伐。因为根据历史经验，每一次中国发生战争时古建筑物都要遭殃，他们觉得跟日本的战争几乎是不可避免的，所以就想赶快加紧古建筑勘测的步伐，如果这些文物不幸被战火破坏了，至少能留下来一些资料。

在抗战前常来我家、抗战后同我家关系仍然密切的伯伯和阿姨们中，我比较熟悉的有张奚若、钱端升、金岳霖、周培源、陈岱孙、叶企孙、吴有训、邓以蛰、陶孟和、李济和沈从文等伯伯以及他们的夫人，包括张奚若夫人杨景任、钱端升夫人陈公蕙、周培源夫人王蒂澂、陶孟和夫人沈性仁和陈植的姐姐——当时燕京大学家政系主任陈意等。我同他们的子女们也是童年时代的朋友，现在大家都七老八十了，仍时有来往。

发现佛光寺

童年住在北总布胡同的那段时间里，我印象最深的是1937年"七七事变"前后的事情。

1937年，我已经上小学三年级了，那年夏天爹爹妈妈又要外出考察，这次他们要到山西五台山地区去寻找那曾在敦煌壁画上见到的佛光寺。在那之前，他们考察过的建筑里还没有发现唐代的建筑，他们特别想知道在中国的地面上是否还存在唐构建筑。那时候他们在北京看到了敦煌壁画的照片展览，壁画中所描绘的一座大佛光寺，就在山西五台山，于是他们准备实地去看看。这是他们从事中国古建筑考察以来，第四次也是最重要的一次山西之行。

1937年，梁思成一行前往山西台怀金阁寺的路上

1937年，梁思成测绘五台山佛光寺文殊殿

但是，对于当时十分需要妈妈的我来说，每次她同爹爹一起离开家到外地去考察，就是我比较寂寞的时候。我上小学以后，每次他们暑假外出考察时，我都要闹点情绪。在离开北平去五台山以前，为了防止我在他们走后闹情绪，妈妈请大姑梁思顺把我带到北戴河同表姐、表哥们一起度假，后来，三姑梁思庄带着我的小表妹吴荔明也到北戴河来了。

　　经历了崎岖山路与陡峻山崖的行进，7月上旬，他们果然在五台山中发现了佛光寺这座唐代木构建筑，在那时看来，这是国内绝无仅有的唐代古建筑。弟弟梁从诫曾回忆过："直到许多年以后，母亲还常向我们谈起他们的兴奋心情，讲他们怎样攀上大殿的天花板，在无数蝙蝠扇起的千年尘埃与臭虫堆中摸索测量。"妈妈更是凭着一双远视眼，发现了大梁下一行隐隐约约的字迹，这行字成为建筑年代的确凿证据。而面对大殿角落中"女

1937年，林徽因在五台山佛光寺
大殿唐代佛像群中

1937年，林徽因在五台山佛光寺
供养人宁公遇塑像前

1937年，林徽因在五台山佛光寺
祖师塔上檐

1937年，林徽因在五台山佛光寺
院内测绘一座经幢

弟子宁公遇"庄严美丽的雕像，妈妈更怀有一种崇敬的心情。"母亲说，她恨不得也为自己雕一尊像，让自己陪着这位虔诚的唐朝妇女，在肃穆中盘腿再坐上他一千年！"

就在他们为此伟大发现而惊喜不已的时候，7月7日，"七七事变"爆发，日本军队打到了北平城郊。爹爹妈妈迟至在7月12号才骑骡子、爬山、坐货车和骑马走出了五台山，经过沙河到达代县后才得知"七七事变"爆发的消息。他们闻讯后又即刻出雁门关，那时交通都已不通，他们只得绕道大同取道平绥铁路，最终赶回北平。回到北平后，妈妈急忙给仍在北戴河的我写了一封信，她在信中尽量用小孩能看懂的语言讲述他们的行程，还画了两张详细的地图，说明她和爹爹进、出五台山的路线。

这封1937年7月用钢笔写在毛边纸上的信，奇迹般地保存到了今天。

1997年7月，我和老伴沿着六十年前爹爹和妈妈当年走过的路线访问了五台山和佛光寺，即使已过了六十年，这条路仍然很不好走。我的心情十分激动，同时，我也更深地体会到当年他们千里迢迢、翻山越岭进行野外考察、测绘工作之艰苦，精神之可贵。

（四）

坚守事业

一封珍贵的家书

1937年7月7日北平爆发"卢沟桥事变"的时候，爹爹妈妈还在五台山佛光寺考察测绘。他们与学社团队在佛光寺工作了一个星期，并将这个伟大的发现报告了山西当局。当他们离开寺院告别主持时，每个人的情绪都非常高涨，他们沉浸在发现佛光寺的极度兴奋中。爹爹在日记中这样写道："当时夕阳西下，映得整个庭院都放出光芒。远看山景美极了，这是我从事古建筑调查以来最快乐的一天！"他们的快乐不仅仅是因为发现了当时国内唯一一处唐代建筑，更重要的是找回了一种失落久远的"民族的建筑历史与文化精神"。

爹爹在后来发表的《记五台山佛光寺的建筑》报告中写道：

"我们终于发现了刻在梁下的重要文字，证明佛光寺建于公元857年，唐代大中年间。这是伟大的发现。

这不但是我们多年来实地踏查所得的，惟一唐代木构殿宇。不但是国内古建筑之第一瑰宝，也是我国封建文化遗产中，最可珍贵的一件东西。佛殿建筑物，本身已经是一座唐构，乃更在殿内蕴藏着唐代原有的塑像、绘画和墨迹。四种艺术萃聚在一处，在实物遗迹中诚然是件奇珍。"

爹爹曾对我说，他们在佛光寺勘察测绘时，某日正待结束之时，妈妈要全体人都坐到外面去"野餐"，夕阳西下，落日余晖映照着雄伟的大殿，他们无不陶醉于眼前这壮丽的美景，享受着最甜美的滋味。

这是中国建筑史学考察研究的巅峰之作，也是爹爹和妈妈携手奋斗的人生旅途中最辉煌的时刻。他们计划着第二年再来，届时他们要带来政府的资金进行大规模的修缮。回程途中他们还考察了代县，爹爹说："这是一座计划的极好的城市。"走出山区时因为公路水淹断路，直到7月15日傍晚，爹爹才费尽辛苦得到一捆报纸，赫然在上面发现了"日军猛轰进攻我平郊据点”的消息。战争这时已经爆发一星期了，爹爹和妈妈的回程旅途变得困难重重。最终他们和学社团队绕道山西大同回到北平的时候，战争阴霾正在日趋迫近，他们成功的狂喜转瞬间变成了国难当头的梦魇，即刻将要在重重危机之中，匆忙踏上去家流亡之路。

对于父母二人来说，也正是从这个时刻开始，他们的命运发生了转折。此时我正在北戴河，收到了妈妈发来的一封信。妈妈在信中讲述了他们去佛光寺上山考察的经过，描述了他们出山回程的情景。从这封信看，他们当时对于这场战事的规模有多大、将会引发一场多大的战争还不清楚，但对日军入侵这一点，思想上已经有了一定的准备。

妈妈在信中写道，她和爹爹在6月26日离开太原到五台山区以后，就再也没有收到过家信和报纸，所以，"卢沟桥事变"和日军入侵，战争全面爆发的事情几乎毫无所知。妈妈说，他们"路上坐火车和骑骡子，走的顶慢，工作又忙，所以到了七月二十日才走到代县，有报、可以打电话的地方，才算知道一点外面的新闻"，当时他们听说"到北平的火车——平汉路和津浦路——已然不通车，这不知道多着急。好在平绥铁路没有断"，她就同爹爹绕道大同由平绥路回到北平，这封信是他们回到北平后写的。

妈妈在信中还说："我们希望不打仗事情就可以完，但是如果日本人要来占北平，我们都愿意打仗……我觉得现在我们做中国人应该要顶勇敢，什么都不怕，什么都顶有决心才好。你做一个小孩，现在顶要紧的是身体要好，读书要好，别的不用管，现在既然在海边，就痛痛快快地玩。你知道你妈妈同爹爹都顶平安的在北平，不怕打仗，更不怕日本。"

妈妈信中的附图，有她亲手绘制的回程地图，还特意标明他们途径雁门关，她在图上注写了一行小字"叫二哥（大姑梁思顺之子）给你讲讲雁门关杨六郎的故事"。在那个外敌入侵、国破家亡之即，妈妈走过雁门关，回望那曾经硝烟滚滚的古战场，想起当年杨六郎跃马横刀，以数百奇兵，杀退数倍于自己的辽兵。今天再读妈妈这一行提示，我依然可以感受到妈妈当时的心情和用意，如她信中所言，她鼓励我或也是对她自己说，要勇敢面对迫近的危机。

爹爹和妈妈从山西回到北平时，这座古城还在中国守军手中。宋哲元的部队在北总布胡同，也就是我们家门口挖了战壕，看样子要同日本人打一仗。爹爹、妈妈和他们的朋友们这时也决心"与城共存亡"。于是，周培源、钱端升、叶公超等教授伯伯们全家老小都集中到了我们家，家里一时集中了十多个大人小孩，买了罐头等物品，以备城里发生战事时之用。但是过了几天，外面寂静一片，听不到任何动静了。原来，中国军队已经撤出城区，日本军队随即开进了北平城。

北平沦陷后，爹爹妈妈不愿生活在侵略者的铁蹄下，他们对抗战必胜始终抱着坚定不移的信心。妈妈在离开北平后的途中，曾致信好友费慰梅说道：

"你现在肯定很担心！如果说情况已经是不能再糟糕了，我说这或许还只是开始。眼下我们似乎也只是刚刚从让人心焦的不幸黑暗中略有解脱。在过去的三个月里，人们天天谈论战争。那个曾经让人们热血沸腾的'为我们的民族生死存亡而战斗'的时刻，就这样在我们毫无准备中突然降临了。上海之战后，我们的国家现正处于巨大的忧患和焦虑中，我们一下子失去了最好的军队和我们勇敢的士兵，此刻战局急转直下，事态变得异常艰难。"

"当然，我们不会失去勇气，我们仍然抱有很高的期望，在这个弥漫着悲观主义的时候，为了我们的最后胜利，无论面对怎样的无序和混乱局面，无论公众的迷茫和混乱到何种阶段，无论个人遭受多少痛苦……"

爹爹妈妈决定立即离开北平，目的地是当时看起来非常遥远的大后方——昆明。他们必须快速打包营造学社资料，整理他们考察的绘图、照相底片、测绘记录和研究笔记，清理这七年的档案和图书。爹爹和刘敦桢伯伯一起打包，他们要将这些资料送到天津银行保险箱保存，同时随身带走他们的一批照片和勘察测绘记录。

　　爹爹妈妈那时还一起写信给我，叫我不要回北京，从北戴河直接去天津老家。于是，三姑梁思庄按妈妈的要求把我从北戴河带回天津，我和梁家的亲属一起居住在天津老宅，在那里等候爹爹和妈妈的到来。我们是坐火车回天津的。当时三姑还带着她的女儿吴荔明（3岁）和我的八叔梁思礼（13岁）。这趟车走走停停，沿途上来了许多日本兵，车厢里坐满了带枪的日本兵。火车走得极慢，每站都停车让日本兵上下。在这一天一夜中，我们没吃没喝，又渴又饿，坐在车厢后排的一个角落里。三姑铁青着脸不说一句话。那时，我真盼望着有一支威武的中国军队来把这些可恶的强盗都赶走。

　　我们到达天津后，住在祖屋"老家"，即我祖父梁启超在天津意租界的寓所"饮冰室"。祖父去世后，我的"天津婆"王桂荃和我的五叔梁思达、八叔梁思礼、五姑梁思懿和六姑梁思宁都住在这里。

艰辛南迁

　　1937年8月底，妈妈、爹爹、外婆和弟弟（梁从诫）从北平来到了天津。我在天津见到爹爹妈妈的时候，他们随身带了很多行李。我们在天津会合不久，我们全家和刘敦桢伯伯一家就开始一起往西南后方进发，从此踏上了我们艰苦的抗战西迁之旅，临走，我这个小助手还奉爹爹和妈妈之命，写信给费姨，告诉她和费正清伯伯，我们全家和亲人朋友们就要出发往长沙去了。

　　费姨：

　　你好不好？

　　我和妈妈爹爹都好。你怎么样？平安不平安？我很是想你。我们现在住在天津意租界西马路廿五号梁宅。

110

1937年天津，梁再冰给费慰梅的信

我们现在预备去长沙，因清华大学也搬去了，还有好多我们的朋友都搬去了，所以我们也去。你说好不好？

费爸爸也好吗？再见。

祝你幸福。

九月十九日再冰写

引自1937年梁再冰致费慰梅的信（全文）

这是妈妈和爹爹继东北大学之后，又一次失去了自己的家园——在北平北总布胡同，那座从我记事起，就在这里快乐成长的美丽家园，也结束了我们七年来舒适安逸的古城四合院的生活。这一次爹爹和妈妈被迫丢掉的又岂止是一座家园！那时爹爹36岁，他朝气蓬勃，充满着干劲，他们的古建考察事业正以全新方式展开，他们的中国建筑史学研究正在注入"新元气"，成为一门综合文化、艺术、科学与工艺等的创新建筑学科，营造学社的考察卓有成效，研究成果丰硕而突出，正在引起国内外极大的震动和关注。如此关键时刻，突然爆发的日本侵华战争不仅打破了他们宁静的生活，也让他们日渐辉煌的建筑考察研究突遭重创，甚至难以为继。至此，爹爹和妈妈一同奋战多年，已见斐然成就的事业发展道路，忽然之间发生了命运逆转，他们不能再犹豫，毅然抗起背包，踏上了极为艰难困苦乃至贫病交加的抗战西南迁移之旅。

我们从北平到昆明是一次长达三个多月的长途跋涉，前后可分为两个阶段：先从天津到长沙；在长沙停留约两个月后，再从长沙到达昆明。妈妈在给沈从文伯伯的信中写道："由卢沟桥事变到现在，我们把中国所有的铁路都走了一段，带着行李、小孩，奉着老母，由天津到长沙共计上下舟车十六次，进出旅店十二次。"

离开天津后，我们先坐一艘海轮从天津到青岛，到青岛后坐火车经济南、徐州、郑州到汉口，过摆渡到武昌，那时还没有长江大桥，从武昌再坐火车去长沙。记得在徐州换乘火车时，不是在车站站台上，而是直接在铁轨旁边，看到周围有许多准备奔赴前线的中国士兵，我们见到他们非常激动。刚到青岛时，爹爹看见穿黑色衣服的中国警察，很是兴奋，还上去和他们拥抱。

> 我想我是在天津"宝宝"（再冰）写给你的信尾上，匆匆加上了几笔，告诉你我们要出发去长沙。这是一段漫长艰苦的旅程，沿线经历多次空袭，在六次换乘后，我们安全抵达长沙。
>
> 引自林徽因1938年3月致费慰梅的信

这时我已经8岁了（我的生日在8月中旬），刚刚上完了小学三年级，那时已经会读书写字。爹爹一路上教我看地图，辨认我们走过的路线，我就是从那时候起养成了看地图的习惯，每到一个地方就会收集当地的地图来认路看地形；妈妈给我买了日记

112

1937年，林徽因致沈从文信（一）

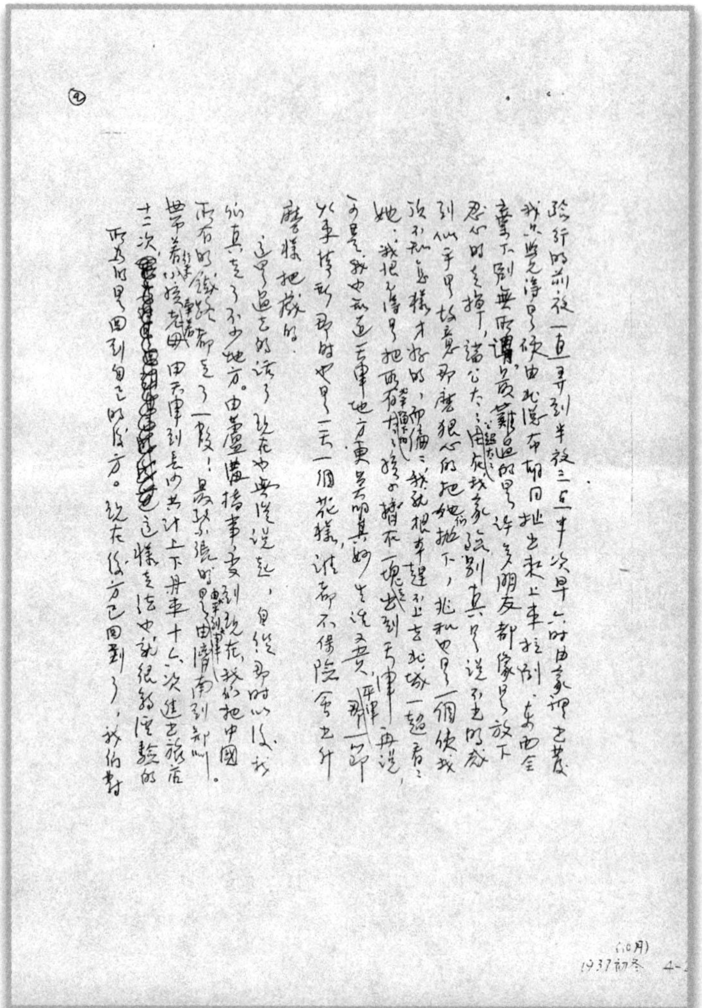

1937年，林徽因致沈从文信（二）

(10月)
1937初冬　4-

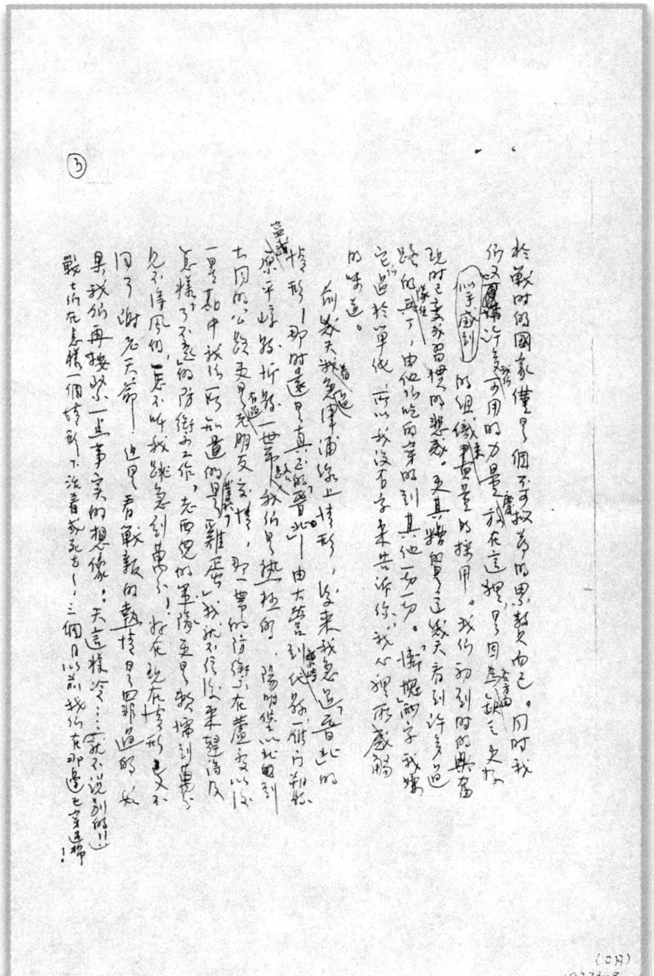

1937年，林徽因致沈从文信（三）

1937年，林徽因致沈从文信（四）

本，开始教我记日记，她鼓励我任意写作，并不太干涉我写什么内容，只是偶尔会看看我的日记，给我改改错别字。我也会按爹爹妈妈的要求，至少在我的日记中写明什么时间（几月几日）我到什么地方去了，有什么重要的事。这也是为什么直至今天，许多与爹爹和妈妈一路相伴的场景，也都还记得这样清楚的原因，多亏我留下了一本童年日记。

难忘的长沙经历

我们到了长沙，虽然只在这里住了两个月，但在这里所经历的生死遭遇和生活场景令我印象深刻，终生难忘。

我们到长沙后住了大约两个月。在这里，我第一次感到我们全家生活已经完全变了样：没有四合院和花草树木了，也没有自己单门独院的住所了。

抗战以前，我家的生活还比较富足宽裕，在北平虽然我们住的是租来的房子，但那是一个两进的四合院，大人、小孩、老人都各有各的生活空间。到达长沙以后，爹爹和妈妈找到火车站附近的一所两层楼房，在楼上租了两间屋子，爹爹和妈妈与我们姐弟两人，我们四人同住一间，另一间给外婆住。楼下是房东。房院中有一个又窄又潮湿的天井。

因为我们同睡在一个房间里，我跟父母的生活由此开始变得非常紧密。我记得那屋里什么都没有，一进屋门就是床，没有柜子之类的东西，只有我们携带的行李。

在抗战以前，我们家里有厨师、保姆，照顾我们的生活，等到了长沙以后，不再有佣人和厨师了，妈妈必须自己动手做饭、洗衣、打扫卫生、照顾孩子……对于不习惯、也不熟悉家务劳动的爹爹和妈妈来说，这当然是非常辛苦的差事。面对这种生活的突变和起落，妈妈在给沈从文伯伯的信中写道："我们太平时代考古的事业，现在谈不到别的了。在极省俭的法子下维护它不死，待战后再恢复算最为得体的办法。个人生活已甚苦，但尚不到苦到不堪。我是女人，当然立刻变成纯净的糟糠的类型，租到两间屋子，烹调、课子、洗衣、铺床，每日如在走马灯中，中间来几次空袭警报，生活也就饱满到万分。"

但让我感到意外的是，他们对此少有抱怨，很少看到他们整天愁眉苦脸，对日子变得艰辛清苦，他们好像并不太在意，他们是在极力地去适应周围环境的变化。爹爹和妈妈立即开始学习做家务，还常常相互调侃"嘲讽"，生活骤然变苦，家里却依然有趣有乐，这一点给我留下了非常深刻的印象。

来到长沙不久，我的三叔梁思永一家也从南京转移到此。三叔是考古学家，曾对河南安阳殷墟的发掘工作作出过重要贡献。同时，爹爹的许多老朋友们也陆陆续续来到此地，他们大多是清华和北大的教授们，准备一起到昆明去筹办西南联大。

在这里，爹爹和妈妈曾经的"北总布胡同下午茶"聚会又在我们的"车站小屋"里开张了。妈妈还是聚会的召集人和主角，亲友们在炮火硝烟中，挤在我们狭小的房间里，围在小炉旁享受着妈妈亲手烹制的饭菜。爹爹妈妈与亲友们的讨论会一如既往地继续着，只是曾经聚会上的许多欢声笑语，如今却常常被一声声叹息声所替代，大家紧张地讨论战局和国内外形势——能不能打赢日本？现在战局如何，打到哪里了？讨论非常热烈，人们都还保持着一种激情和战斗精神，但是大家心里都感到一种沉重，教育资金和未来飘忽不定，天知道将来会变成什么样。

这些朋友中，有些是全家在一起，扶老携幼老而来，有些则是只身前往。妈妈担心叶公超因夫人不在身边而颇失落，她努力招呼着老朋友们，希望聚会能给大家多一点家庭的感受，此时更需要这种温暖，更需要相互的勉励，妈妈说："我们大家要一起共赴'国难'。"

最使我难忘的是聚会上父亲教我们唱《义勇军进行曲》的情景。晚间聚会结束时，我们全体就在一起同声高唱许多抗日救亡歌曲。"歌咏队"中男女老少都有，父亲是"乐队指挥"，一如他当年指挥清华学堂学生军乐团一样认真。我们总是要从"起来！不愿做奴隶的人们！……"这首《义勇军进行曲》也就是现在的国歌唱起，一直唱到"向前走，别退后，生死已到最后关头"。那高昂的歌声，那些同我父母一样的知识分子们的信念与激情，至今仍像一簇不会熄灭的火焰，燃烧在我心中。

在长沙时，我们经历了无数次的日本轰炸。那时长沙有一个圣经学院，是那些来自北方、准备到昆明建立西南联大的教授们建立的临时大学。圣经学院有一个地窖，每当警报响起的时候，我们就会跑进那个地窖里避难。

1937年11月下旬的一个下午，突然有大批日机来轰炸长沙，他们的目标是长沙火车站，但炸弹却炸偏了，正好落在我们房子附近。平日里有没有轰炸总是听见警报，唯独这次真有轰炸降临之时，却没有发出任何警报。爹爹起初还以为是中国飞机来了，竟然跑到阳台上用手遮额去望天观看，直到炸弹在他眼前落地起火，他才急忙跑回房间。那天早些时候我跟弟弟都中了一点煤气，轰炸发生时，我们还躺在床上。爹爹一进房间就把我抱起来，妈妈也立即把弟弟抱起来，他们一边抱着小孩，一边搀扶着外婆往楼下跑。炸弹落下来的刹那间，整个楼房都在剧烈震动，门窗瞬间被震垮，到处是玻璃碎片。在我们跑到楼梯拐角处时，又一批炸弹落下，就落在楼外离我们不远的地方（事后发现这里有弹坑，还滚着两个路人的头颅）。幸好这楼梯拐角起了保护作用，我们未受到直接的冲击，唯有妈妈被震倒，直接被掀下几个梯级，滚落到院中，落地时弟弟还被她紧紧抱在怀中。等我们冲出大门跑到街上时，飞机再次俯冲，炸弹第三次呼啸而来。那时我们毫无经验，竟不知道卧倒，一家人都呆站在那里，以为在劫难逃了，但这批炸弹最后竟没有爆炸。

当晚，我们无家可归了。后来，爹爹妈妈把外婆和我们姐弟送到了张奚若伯伯家。张奚若伯伯全家这时已同其他许多教授们一起到了长沙，也租住了两间房，便将其中一间借给我家。爹爹妈妈安置好我们，便匆匆赶回原住处去收拾我们的衣物。许多东西都像是从土里挖出来似的，直到多年以后，我家的箱子里还发现过碎得像棉花似的玻璃碴。

> 经历过生死劫难，我们看待生命的意义或许会彻底改变，眼下，我们必须要为生存而战，就像我们昨天刚刚经历过的炸弹下的"死里逃生"那般。
>
> 我们已决定离开这里到云南去。我们的国家还没有健全到可以给我们分派积极的战时工作的程度，因此我们目前仍然是"战时厌物"，因此干嘛不躲得远远的给人腾地方。有一天那个地方（昆明）也会遭到轰炸，但我们眼前实在没有别的地方可去。
>
> 我们又收拾行李了，要坐汽车进行艰难的十天旅途到云南去。除了那些已经在这儿的人以外，每一个我们认识的人和每一个家庭成员，都分散在不同的地方，而且相互间不通消息。圣诞节快到了，你会理解我们所有的感受——也许我们总有一天会再次见面。希望那时我们能活下来。

引自林徽因1938年致费慰梅的信

在这次轰炸以后不久，我们就离开了长沙，前往昆明。爹爹是北方来的这批知识分子中第一个去昆明的。当时路上的不确定因素很多，同路也没有任何熟人，张奚若和金岳霖伯伯曾为我们送行。我们搭乘的公共汽车非常破烂，一家人颇有孤单之感。弟弟梁从诫也曾撰文记录这段南迁之旅："我们又离开长沙，乘长途汽车往昆明去。当时，这种撤退全无组织，各人自找门路，没有任何团体、机关的安排照应。而内地的公路交通，更处在一种可怕的野蛮状态。破旧拥挤的汽车，在险陡狭窄的盘山公路上颠

120

簸着；沿途停宿的荒街野店，臭虫虱子成堆，小偷土匪出没。沿海大城市来的人，没有一点勇气，是不敢踏上这条路的。父母虽然还年轻，身体却不算好，特别是母亲，早年得过肺病，经不住这样的艰苦跋涉，体力已经不支。"

但是，爹爹妈妈并没有丝毫犹豫，抗战前他们常到野外乡村考察古建筑的艰难行程和生活经历，使他们在战火硝烟中的颠沛流离之中也依然能够应对自如。

晃县大病

从长沙经贵阳到昆明的旅程是我们这次长途跋涉中最艰苦的一段。当时我们坐着破旧的长途公共汽车走山路。湘黔一带都是高山峻岭，汽车盘旋而上，颠簸得很厉害，外婆、妈妈、我和弟弟都在晕车，特别是外婆，她上车就吐，如患重病。晚上汽车刚刚停在小县城路边，忙不迭下车的旅客就纷纷去抢占旅馆。爹爹和妈妈也飞奔着去找那些"未晚先投宿，鸡鸣早看天"的小客店，他们要我和弟弟扶着晕车的外婆坐在行李卷上，看守着我们的行李。到了旅馆里发现床铺不够，就把我们自带的行军床支起来。那时的行军床还是用木头和帆布做的，比较笨重。

尽管旅行既紧张又充满困难，爹爹和妈妈似乎已经习以为常，而且他俩总是配合默契，仍然可以应付自如。他们的动作十分"专业"，譬如打行李时，他们两人合作，动作敏捷熟练，很快地就能把一大包被褥枕头打成一个结实的铺盖卷，然后用油布包起来。再譬如到小饭馆吃饭，他们会事先准备好一个小铁盒酒精棉，将碗筷先消毒后再吃。这显然是过去他们常常到乡下野外考察古建筑时"练"出来的本事。

我们在这次旅途中曾路过湘西常德、沅陵一带。妈妈对这里美丽的风景流连忘返，逢此山河破碎之痛，面对这美丽的山川、壮丽的风景，让人比任何时候都更感到心疼——玉带般的山涧、秋山的红叶、发白的茅草、飘动的白云、古老的铁索桥、游动的渡船……那时虽然我们拥挤在破旧不堪的汽车上，母亲一路上还在尽情欣赏着沈从文笔下描绘的湘西美景，她要我们和她一起尽可能多看几眼沿途的美景。接着我们特意去了沈从文伯伯的家乡——沅陵，拜访了沈伯伯的兄长，走进他在沅陵的"山居"，在这里给我印象最深的是沈大伯的书房，在半山之上，我们领略了葱郁的万山重叠，犹如置身于一片起伏的绿色海洋之中，让人感到心旷神怡。

当我们经过湖南和贵州交界处的晃县（现为新晃侗族自治县）时，妈妈突然感染了肺炎。我们把铺盖卷放在大街上，我和弟弟、外婆都坐在铺盖卷上，妈妈正发着烧，还要打起精神和爹爹到处去找旅馆，结果大小旅馆都已客满，一个空房间也没有了，我们无望地坐在铺盖卷上，感觉今夜怕是要露宿街头了。就在这个时候，爹爹忽然听到客栈中传来一阵阵优美的小提琴声，他觉得很惊奇，怎么这个地方还有西洋音乐，而且小提琴竟然拉得这样动听。爹爹于是循着声音，跑进这家旅馆楼上，贸然敲开了传出悠扬曲调的房门，结果发现那里正住着一批中国空军杭州笕桥航校的学员，他们正在往昆明撤退，被阻在晃县已经几天了。

他们身穿空军学员制服，大约十八九岁，看上去非常帅气有活力。拉琴的是一位广东小伙子，也是父亲的同乡。这批年轻的航空兵都是航校七期学员，正在接受训练，即将成为空军战斗机飞行员。他们大多是广东人，爹爹用广东话和他们亲切地交谈起来，交谈中提到了我们一家的困境，告诉他们母亲正在发烧的事情。得知我们一家的狼狈处境，这些年轻小伙子非常热心，他们说可以挤一挤，并立即分出一间小房间给我们一家住。同他们相处一晚之后，这批年轻小伙子第二天就全体离开了晃县旅馆，往昆明进发。临别时，爹爹将我们去昆明的地址和联系办法留给了他们，叮嘱他们到昆明以后，一定要来家里做客。从此以后，这批小伙子便成了我们的亲人，父母后来是他们的名誉家长，他们也成了父母的弟弟们和我的舅舅们。

飞行员走后的第二天，妈妈的病情更严重了，高烧至40度。这一夜，母亲因急性肺炎高烧几度昏迷，当时没有抗生素和其他特效药，肺炎是可怕难治的疾病。县城中没有医院，旅馆拥挤而阴暗，看着昏迷不醒的母亲，我感到非常紧张害怕，我担心地望着爹爹，但爹爹面上不露一丝慌乱。他找到同车人中一位曾在日本留学、行医的女医生，她修习西医，兼通中医，爹爹请她替妈妈听诊开方，然后根据她开的处方，给妈妈煎中药服用。这位大夫还提供了一个土方，要在猪肺里面塞一百个苦杏仁，煮成汤，加上蜂蜜，每天喝上这样一碗。爹爹煎药时，我曾"偷尝"了一口那土方药汤，可真是难喝极了，不过却也算得上是那时候最有疗效的药了。

服药后妈妈开始缓慢退烧，两周后她的烧才基本退尽。这两个礼拜我们就住在这个木板搭建的小旅馆中。我们住在楼上，楼下常有过路司机和其他旅客的喧闹声，他们同年轻的女老板吵架。妈妈在病中仍用她的耳朵细心地听着这里发生的一切，用一种作家的心态感受着这小小县城中喧闹杂乱的生活。

在晃县，我正在重病之中，不明来源地发着高烧，连几天体温可以蹿至41度，其余的时间里一直感到头晕目眩，我的健康难以应对这种突发状况。奇迹般地，我们遇到了一位女医生，她正在同一百多名旅客在此等候公共汽车。她在日本的美国传教士医院受过训练，专门研究中草药，所以她给我开了这镇上能有的中药，但一切都是按照西医的科学方法进行的。

于是我躺在一个小房间（医生的房间）里，被薄薄的木板隔开，隔板那边有精力充沛的年轻粤语航空学员，有粗俗不雅的当地妓女，有一些脾气暴烈的赌徒，还有许多操着各地方言的军官，和来自不同省份的司机……在这个有今天没明天的日子里，军人、司机等同妓女们聚在一起喝酒赌博，这种刺激或许可为他们第二天穿越最危险的路线增加些勇气和干劲。刚来到这里，在我尚未高烧病倒前，我曾给朋友写信描绘了湘西美不胜收的一路风景，向那些担心我们这次旅行的老友们诉说，告诉他们若非战争和时刻迫近的危险，我应该能为有机会体验这样的旅程感到荣幸。非常有趣的是，我这封信在朋友间被许多人传阅，据说后来甚至成名，不是因为它的文学艺术，而是因为它的幽默感和戏剧感。

引自林徽因1938年致费慰梅的信

我们困守在晃县小旅馆的这两周里，爹爹每天都要支起小炉灶为妈妈煮药熬汤，蹲守在床前照顾着重病的妈妈，在这个举目无亲的陌生之地，我们一家老小的生活全靠爹爹一人支撑。每到下午黄昏，他看到我们两个孩子闷闷的，便带着我和弟弟到河边去"打水漂"。我还记得他跃起投石的漂亮姿态，一块小圆石从他手中飞向河心，那石头飞得又高又远，落在水面竟然跳起一二十下。在河边我和弟弟跟着爹爹奔跑跳跃，一时忘记了这一路的狼狈和困苦。晚上回到旅馆，爹爹认真地教我们看地图，让我们学会了辨识一路走过的城镇山川，爹爹为我们绘出这一路的出行路线地图。所以至今我能清楚地记得沿途许多地名、道路和地形，从此养成了必看地图的习惯，这对我日后的记者生涯极为重要。

妈妈的烧终于全部退干净了，第二天我们就又上路了。公共汽车挤得一塌糊涂，挤上去以后，几乎找不到座位，妈妈抱着弟弟坐在前排，我坐在妈妈旁边。妈妈曾这样记录道："从凌晨一点熬到早上十点，这辆'车'终于启动出发了，这是个没有窗子、没有点火器、样样都没有的玩意儿，喘着粗气、摇摇晃晃，连一段平路都爬不动，更不用说要走那又陡又险的山路了。"

结果当天晚上，汽车竟在一个地势险峻的大山顶上抛锚了。我们被困于山顶，那时候已经12月了，天气极为寒冷，冷得要是停下来不走动的话，马上就会被冻僵。妈妈拉着我和弟弟的手来回地走，想暖一暖冻僵的身子，嘴里还念念有词。我问："妈妈你是不是在祷告啊？"她说是。她当时大概已经有些绝望，也只能"求上帝"了。

听说这一带常有土匪抢汽车，乘客们都很害怕，他们高声叫骂。而爹爹却在一旁平静地和司机研究车子的问题，爹爹很早就会开车也会修车。他根据经验，掏出一块手绢，扔进油箱里面，结果手绢拿出来是干的，果然里面一滴油也没有了。

我们被撂在这大山顶上，附近既无村，又无店，偶有路过的农民都说前后至少"要再走五里"才能见到村落。要到哪里去找住处呢？当夜色渐渐袭来时，乘客们都绝望了。无奈的乘客就推着车漫无目的地往前走，车子顺着山坡滑了下来，快到山底时，一座庄园竟然奇迹般地出现在路旁。那是一个地主大庄园，主人对这一车的乘客很是热情，请全车人都住了进去，还打来热水给大家洗脚。我记得司机当晚没有留宿，而是搭乘其他车去买汽油。第二天早晨司机带着汽油回来的时候，全车人像欢迎英雄一样地欢迎他。当时如果没有爹爹及时发现汽油没了，如果没有那个收留我们的庄园主，我们在那种极度寒冷的天气里露宿山头，可能真的会冻死在那个地方。

这之后我们到了贵阳，住在"中国旅行社"。爹爹想让妈妈大病初愈的身体恢复一下，因为这次旅途中的大病对于曾患结核的妈妈是十分不利的，并种下了到四川后结核病复发的隐患。贵阳是我祖母李惠仙的家乡，到了贵阳以后，我父亲还带着我们去看望一些李家亲戚。只记得他们家中的饭菜都奇辣无比，妈妈怕

125

我喊"辣"，就一个劲地给我的碗里放花生豆，谁想那花生豆也是辣的，我大喊"辣"，妈妈无奈地瞪着我。我们在那里住了12天，等我们到昆明的时候，距离我们离开长沙的时间已经过去了40天。

到达昆明

在离开长沙整整40天后，我们终于到达了当时中国抗战的"大后方"——昆明。这座城市对我来说是一座难忘的抗战家园。1938年初至1940年底，近三年时间里，在隆隆炮声中，我们跟着爹爹妈妈在这座城市从城内到郊外，从湖畔到乡间，总是不停地迁居。我们在昆明生活的三年时间里，也是妈妈抗战时期生活中比较愉快的三年。虽然昆明地处高原，空气比较稀薄，对有肺病的妈妈不太有利，但妈妈非常喜欢这个美丽的城市，她爱这里的蓝天、白云、灿烂的阳光、繁茂的林木、如茵的草地、多彩的鲜花，这一切常常使她兴奋得不能自已。每当看到秀丽的翠湖、浩瀚的滇池和苍翠如画的西山，她总是如痴如醉，暂时忘却了自己生活中的种种烦恼。

我们最初租住在城中巡津街河边的"芷园"，这个位于巡津街芷园的住所是行前托一位云南大学教授王赣愚帮助爹爹找到的。芷园位于巡津街尽头，是昆明前市长的一处狭长的"花园洋房"，我们租住其中三间房子，这三间屋子位于大门口与花园尽头的主人楼房之间，同这两者相对隔绝，有个窄长的中院。我们入住不久，很多老朋友陆续从北京过来，大家重聚在昆明。妈妈爹爹的"星期六下午茶聚会"又开始在"芷园"家中举办。朋友们换下一路颠沛流离的狼狈衣衫，尽可能穿戴整齐来此相聚。这里不仅有很多父辈教授学者们，同时也有很多年轻人，他们很高兴来此聆听教授学者们侃侃而谈，大家在一起继续讨论时局，交流学术，谈论正在开启的西南联大……

让我们高兴的是，出现在梁家聚会的年轻人之中，还有那批我们在晃县奇遇的年轻的空军航校学员们。这批日后英勇抗击日寇的空军飞行员，也是一批受到良好教育的儒雅军官，爹爹妈妈的朋友们都很喜欢这些小伙子。他们从此成为我们家最为亲密的朋友和亲人，我们在昆明的几个家，也都是这群年轻飞行员的家。令人心痛的是，那八位航校学员日后全部为国捐躯，他们是我们一家人终生难忘的亲人。

1938年初到1940年，每到周末或节假日，这些年轻人都会从城外的空军航校请假，相约着一起从飞机场结伴来我家做客，大家在一起喝茶，共度周末，非常愉快。爹爹妈妈像对待自己的亲弟弟一样对他们。我的三舅林恒也是他们中的一员，他是第十期航校学员。这些年轻航校学员大多家境富足，却在国难当头之时，为救国而冲锋陷阵，毕业后即要驾机翱翔，在空中迎战强敌日本最新型的战斗机，不惜用生命保护我们。爹爹妈妈觉得此刻能为他们做的，就是给他们家庭般的温暖和关怀，不仅要在生活上照顾他们，在精神上、感情上也加倍地关心他们。这些学员就像我的舅舅一样，他们很喜欢我们这些孩子，也常与到家来的周培源、金岳霖等教授学者交谈。

后来，他们从航校毕业时，因为在昆明没有亲人，就请爹爹和妈妈在他们的毕业典礼上充当他们的"家长"，我和弟弟也跟着去了。

毕业后，他们先后被分配到各处担任空袭警戒任务，大多在四川。其中，那个在晃县拉小提琴的名叫黄栋权的"舅舅"被分配去了重庆。爹爹妈妈当时都非常不舍和担心，因为那个时候重庆的轰炸是很厉害的。有一次，黄栋权给家里写信，信中对爹爹妈妈坦言自己的身世，说他父母去世很早，很小就成了孤儿，没想到能在战争时期在云南这个地方找到一个家，他非常感动。大约在1939年前后，黄栋权在重庆上空被日机击落，壮烈牺牲，空军部队按照他的遗愿，将他的东西都寄到我

航校学员黄栋权生前英姿

们家已是1940年9月13日。妈妈接到这些衣物时悲痛不已，为失去这个"弟弟"伤心了很久。但这个广东小伙子的牺牲还只是开始，在1939年以后不到两年中，我们在晃县认识的八位飞行员几乎全部阵亡。

到最后只剩下林耀一个人。林耀曾在一次迎击日机对重庆的空袭时，被击中左臂，重伤后跳伞降落山区，当地老百姓发现并把他抬到医院去时已经过了许多天。他的手臂中弹，没有骨折，但是神经萎缩了，要恢复需要很长时间。那之后他就不能再上一线战斗，承担警戒任务了。但林耀没有放弃，经过刻苦锻炼，他硬是让自己的胳膊恢复到了可以起飞的程度，伤愈后就暂时做了飞行教练。养伤期间，他曾到李庄来看过我们。记得他还飞去过新疆，据说是去接苏联援助我们的飞机，我和小弟从诫第一次吃到哈密瓜，就是林耀舅舅带来的，虽然是瓜干，但是美味极了！像其他小伙子一样，他把爹爹妈妈看成"哥哥姐姐"，爹爹妈妈也把他当成弟弟。他还把他正在谈恋爱，他

128

的女朋友是谁，他对这段关系的理解，都讲给妈妈听。他给我们看过她的照片，我还记得那是一位脸圆圆的长相非常甜美的姑娘，是他在养伤期间认识的。他原是香港人，养伤时家里给他带来了留声机和很多唱片，像贝多芬、莫扎特的曲子我都是那时候接触到的。这些他后来都送给了病中的妈妈。我们一直保留到"文化大革命"之前。

等到他觉得自己的手臂功能恢复到可以飞战斗机后，他立即就又投入了战斗。最后，毅力坚强的他，在日军大举进攻湘桂的战役中，在湖南衡阳上空献出了自己宝贵的生命。

前些年，有一个专门记载这批飞行员的纪录片《飞天》摄制组来到我家，当我哽咽着问年轻的摄影师小伙子："你们能想像什么是粉身碎骨吗？当黄栋权飞机掉下来的时候……"几个90后的摄影师小伙子和我一起泪流满面。回想我们旅途中相遇的那批飞行员舅舅们，每当收到他们的阵亡通知书，母亲总是痛不欲生，她说，他们自己无法亲赴战场，但至少和爹爹尽了最大努力，给他们提供了一个家，让他们在这里感受到了家的温暖，这是父母对飞行员"弟弟"们的责任，也是最大的心愿。

这么多年他们一直活在我的心中，我从未忘记我的飞行员舅舅们。

炮弹下的迁移

1938年底，我们在芷园住了一段时间，主人便收回了这三间房子，这位房东市长把他的房子租给了一个希腊人，他要将这个地方变成旅馆。我们必须另找住处。

在被"赶"出这处房子入住新房之前，妈妈和爹爹通过朋友暂时借到了一个位于昆明西山的别墅栖身。那别墅是一些医生们夏天避暑用的，而当时正值冬天，所以无人使用。它位于半山坡上，面向"五百里滇池"，位置确实极好，可惜"四季如春"的

1938年，梁思成一家及友人在昆明西山杨家村民居中合影（前排左起林徽因、
梁再冰、梁从诫、梁思成、周如枚、王蒂澂、周如雁；
后排左起周培源、陈意、陈岱孙、金岳霖）

1938年，梁思成、林徽因在昆明西山华亭寺与友人周培源、金岳霖、
陈岱孙、吴有训合影

昆明的冬天也很冷，而且没有办法取暖，把我们一家冻得够呛。但妈妈对这里的湖光山色爱得不得了，在有太阳时，她总让我们都到屋前的山坡草地上尽情享受阳光。

我们住的第二个房子位于昆明城中的巡津街9号。从1939年初起，我们同另一对也是清华教授的年轻夫妇在这里合住此房，两家各有三间屋子，互成直角，院中有一棵大树。陈植伯伯的姐姐——陈意姨也曾在此与我们同住。她是北平燕京大学的家政系主任，妈妈很快成为她的"学生"，跟她学会了做饭和处理家务。爹爹每每见到陈意姨走进来，总要唱起一首美国乡村歌曲（歌中有位女孩名叫卡若拉，与陈意姨的英文名相同），唱到末尾爹爹还故意拖着长腔唱着她的名字，每一次全家都被爹爹的滑稽模样逗得哈哈大笑。妈妈生日的那天，陈意姨还帮助我为妈妈组织了一个生日"Surprise Party"，陈意姨手把手地教我制作了一个围裙当礼物送给妈妈，妈妈非常高兴，但随即又和爹爹一起"审问"我，生日Party的费用何来，并告诉我应学会和朋友之间处理这类的费用问题。

我们住在巡津街的日子变得愈发不太平了，日本飞机的轰炸越来越频繁。有一次炸弹落下时我们大家都仰面躺在树下，感觉十分恐怖，最后又回到房中趴在床下。妈妈在写给费慰梅的信中，这样描述我们在巡津街的情形："现在我正在写作，我希望有一群秘书和高效的打字机声音，声音大到足以淹没我们每天必须听到的空袭警报和炮弹声音。无需担心，面对这一切我们已经变得愈加冷静。每次炮弹袭击后，我们都像专家一样评论一番——这是否算得上'非常温和的一次'。在每次炸弹袭击中，我们站在花园里或街上的任何地方，绝望地感受着无法思考的痛苦，与其说是害怕，不如说是愚蠢的无声。我们几乎沦为一个醒着的梦魇者，在暂停思考的时间里，或许感觉到霎那间生命暂停，一切都无关紧要了。通常在袭击之后，开始梦醒，我们立即变得非常活跃，好像本能地去试图弥补前几个小时的生命损失。"

在离开北平前，爹爹就常常背痛，医生诊断他患了脊椎间软组织硬化症，并为他设计了一副铁架子"穿"在衬衣里面以支撑脊骨。在旅途中这当然加重了他的负担，但爹爹并不把这放在心上。我们刚到昆明后不久，可能是由于旅途劳累加上受了潮气，爹爹得了很重的关节炎，背脊椎骨关节硬化症也复发了。我们南行的一路上，爹爹每天都要打铺盖卷，早上打起来，晚上再展开。他打铺盖卷是很熟练的，一条腿跪在地上，很迅速地就可以完成，但这个姿势于他的脊椎而言损伤很大。约有一年的时间，他背痛得很厉害，一开始几乎彻夜难眠。因为背脊骨渐渐弯曲，不能在床上平卧，爹爹只能半躺在一张帆布椅上。他很能忍痛，从不叫苦，稍好些时，还找些事来做，如自己织补袜子。他用深浅不同的线织补，针脚非常匀净，补得像是一件件艺术品。

恢复营造学社

抗战开始，父亲和母亲决定离开北平、前往昆明，期待能早日在战乱中安定下来，重新开展营造学社的工作。可是经过一路颠簸来到昆明后，他们必须面对许多无法解决的难题，没有经费，没有图书资料和起码的设备，没有从事研究的任何条件，连家里的吃饭生存也都频频出现问题。

父亲待病情稍有好转以后，就开始尝试重建营造学社。学社的经费成为迫在眉睫的难题，他为学社致函中美庚款基金会，询问如果他在昆明恢复营造学社的工作，能否得到基金会的救助和支持。不久，基金会的周诒春先生回信，认可了营造学社的工作和存在，并考虑继续给予资助和支持。

1938年初，刘敦桢伯伯和刘致平、莫宗江、陈明达先生先后抵达昆明。这是营造学社成员分头从北平撤向大后方起，第一次"齐聚"。学社的考察研究工作随即在昆明重新开始。在北平时，在朱启钤社长领导下，营造学社有20多名员工。到此时，只有担任营造学社法式部主任的父亲，担任文献部主任的刘敦桢伯伯和刘致平、莫宗江、陈明达等五名正式工作人员，外加妈妈这位不拿薪水的"社员"了。父亲他们决心要抢在炮弹摧毁前，继续调查测绘古建实物和遗存，留下尽可能多的测绘数据和研究资料。

同时期转移到昆明的还有国立西南联合大学的教师和学生们。中央研究院的一些研究所也迁移到了这里，我的叔叔梁思永一家也随着历史语言研究所（简称"史语所"）来到了昆明。这下我们两家终于在昆明"团聚"了。中央博物院和史语所的到来也为营造学社查找图书资料提供了可靠且重要的来源，当时的所长傅斯年接受了爹爹提出的共享图书资料的请求。

这时（1939年初至夏），我们都还住在昆明城巡津街或附近。此时日本飞机轰炸日趋频繁，三天两头就遭空袭，大批撤往"大后方"的学者们整日疲于"跑警报"，完全无法学习工作，他们所携带、保护的国宝重器和书籍典籍也时刻面临着战火涂炭的威胁。于是没过多久，一批研究机构决定进一步转移到昆明乡下。1939年的秋天，学社和我们一家搬到了昆明郊区的麦地村"兴国庵"小庙。战时的营造学社因此而有了一座"大本营"。学社的古建考察"抢救"工作便立刻铺开，考察、测绘、制图、编撰……各项作业旋即在此启动。营造学社在昆明麦地村恢复了正常工作。1939年秋季至1940年2月，父亲和刘伯伯率队，带领莫宗江和陈明达先生二人到四川、西康进行了范围广泛的一次大型古建筑野外调查。半年中他们走过35个县，调查了古建、崖墓、摩崖、石刻、汉阙等730余处古建古迹；与此同时，母亲和刘致平先生"留守"麦地村，由母亲坐镇主持日常工作。在兴国庵简陋的殿堂之中，呈现出一派繁忙的工作场景——尼姑庵大殿成为营造学社的古建研究工作室，工作台上面立着各尊菩萨，绘图桌与菩萨们共处一殿，母亲他们用大布把菩萨略微遮盖起来，供台

133

下面摆放几张桌子，木架支撑起一块木板，这便成为特地为古建研究自制的绘图台，屋内既无吊灯也没有台灯，采光全靠从小窗透进来的自然光线。大量的绘图和文字资料不断摆上案台，厚厚的数据资料亟待查证、分析和整理。

我们一家就住在同尼姑庵的大殿成直角的一间半房中。妈妈带着我和弟弟住较大的一间，另外的半间，约八九平方米，被一分为二：后半部是外婆的卧室，前半部就是全家活动所在的起居室。刘伯母和他们的孩子刘叙杰、刘叙仪、刘叙彤三兄妹住在另一个院子的正房中。

林徽因与女儿在昆明麦地村居所

134

麦地村住房条件很差，地上无砖也无地板，非常泥泞潮湿，只撒了一些生石灰防潮，窗子很小，唯有通过屋顶上的一块玻璃"亮瓦"采光。尽管如此，妈妈在这里尽力把我们的生活安排得有声有色。她总是这样，既注意建筑的外貌，也关注居住在里面时的艺术效果，不论住在怎样简陋的房子里，她都会在现有的条件下尽可能地做一点美化生活的事情。此时恰逢爹爹妈妈的一些建筑师朋友们来小庙看望我们，其中就有杨廷宝伯伯和赵深伯伯等几位，他们都是爹爹妈妈的老同学，也是他们的挚友。他们从上海转战到西南地区，同时还带来了一批手艺精良的上海建筑工人。他们见到我们一家人住房如此困难，主动推荐了几位建筑工人做一点装修，以此帮我们略为改善一下我们那拥挤不堪的住房。

在基泰建筑公司的一些熟练木工工匠的帮助下，妈妈把半间起居室和外婆的卧室略作改善，给外婆房间铺了粗木地板，妈妈自己设计一个比较漂亮"正规"的门，来代替原来的木板加铁扣的门，将阻碍采光的窗台从高处下降到很低，装上了玻璃。刚开始，我觉得我家这个鸽子笼般的小房间里几乎什么都没有，而且空间小得实在太可怜了。妈妈在靠窗的墙上部做了一个简单的小书架，然后她在书架里放了几本书，下面放上一张桌子，旁边设置两个木凳，木凳上铺上了一些饰布。我记得装修完工的时候正好是圣诞节，妈妈还自制了一个花环挂在门上，当时我立刻感觉到这间小屋焕然一新，非常温馨漂亮。我当时真佩服妈妈，觉得我老妈真神了，怎么一下子就能把这样一个小破房间变得如此舒心可爱。在这间可爱的小小起居室里，妈妈在煤油灯下为我们讲解庄子《解牛篇》和《唐雎不辱使命》等《战国策》篇章的情景至今仍历历在目。

与此同时，爹爹和刘伯伯及学社团队到川西展开野外考察期间，那时我们曾收到过爹爹的来信，厚厚的一沓。那是十多张爹爹绘制的"考察连环画"，画面上爹爹和刘伯伯他们走在郁

林徽因、陈意、王蒂澂（周培源夫人）三人
在昆明周培源家

梁再冰与弟弟梁从诫在昆明麦地村农舍，
经林徽因尽力改造后的家里

梁思成四川考察

郁葱葱的山林之间，脚夫们手上抬着滑竿，嘴里还喊着号子。脚夫们通常两个人抬滑竿，一前一后，后面的人看不见前路，全靠与走在前面的脚夫对话来实现默契配合。爹爹的连环画中记录的便是这样的场景。他的画将这些景象描绘得惟妙惟肖，让人读之如临其境。我还记得其中的一些图画和标注段落，印象很深：

前面脚夫喊：左边一个缺！（告知有个坑）

后面脚夫和：来官把印接！（官场术语，回答知道有坑）

爹爹的画上，正画着路前方有个不大不小的坑。他还把自己和刘伯伯都画了进去：脚夫们挑着滑竿前行，爹爹在后面的滑竿上坐着，前面则是刘伯伯，爹爹和刘伯伯听到脚夫文绉绉的号子，一时乐得前仰后合。读信的妈妈、我和弟弟也笑得前仰后合。

又见另一张画上写着：

前面脚夫喊：天上鹞子飞！（告知不要只看天，注意脚下）

后面脚夫和：地下牛屎堆！（回答知道有牛屎）

爹爹的画上画的就是他和刘伯伯两个人被滑竿抬着，向远处

137

眺望的景象。天空中还有鸟儿盘旋，脚夫们喊着号子，前路上依稀可见一坨牛屎，正是脚夫们号子里喊的意思。

还有一张上画着：

前面脚夫喊：左边一大排！（相遇很多人）

后面脚夫和：一个一个数起来！（注意到来人了）

这就是到了人多的地方了。我还记得爹爹在画面的左侧画了一大排当地模样的各色人等，他们有的扛着菜，有的拎着筐，表情丰富各异，穿着也各不相同。

更有意思的是：

前面脚夫喊：左手一枝花！（前面碰到一位女士）

后面脚夫和：没钱莫想她！

看爹爹的画上，一位貌美如花的女士正从脚夫们身旁经过呢！

脚夫们一前一后喊着滑稽的号子，路上接连不断地发生着一系列故事，那画面真是被爹爹描绘得妙趣横生。妈妈看了开怀大笑，我和弟弟看得不眨眼睛。

这一叠西南考察时期留下来的连环画，画面生动，让人身临其境，如同亲耳聆听到脚夫的号子一般，一张张图画让全家人看得乐不可支，给我们当时凄苦寂寞的生活带了许多欢声笑语。几十年过去了，父亲画中那每一笔都令我记忆犹新。多么遗憾！我没能将它们保留下来，如今只能悉心收藏在记忆里。

当爹爹和刘伯伯他们的野外考察队归来，我的发小刘叙杰回忆说："对于全体'留守人员'自然是特大喜事。主妇们的种种准备自不必说，连孩子们也分配到了村口守望的任务，看到来人就急忙赶回家来报讯。对一别数月的亲人平安返回，其殷切心情可想而知！""看到梁伯伯（爹爹）刚从人力车下来，就立刻和梁伯母（妈妈）热烈拥抱起来。这景象在旧中国农村是罕见的事……"

营造学社在龙头村

从1939年秋到1940年5月，我们在麦地村住了半年多，后来因为麦地村的房子不够住，我们从麦地村搬到了两里路外的龙头村（龙泉镇）。

这是我们自己出资盖的一所夯土墙的房子，土地是向隔壁的李姓地主借的，条件是我们走后房子就归他。妈妈和爹爹为此拿出了全部积蓄，连外婆的一些首饰也搭上了。但其实我们在这新建的房子中只住了半年，年底就离开昆明去四川了。当时在这个镇上用这种方法建房屋解决居住问题的还有中央研究所历史语言研究所、社会科学研究所、中央博物馆等单位的一些知识分子，如傅斯年、李芳桂、李济、梁思永等，以及一些西南联大的教授。

这所夯土墙房子建于村边靠近金汁河埂的一片空地上，当年这里曾经桉树成林、田畴水塘，宛如一幅优美的图画。小院风格质朴简洁，却也不失清雅，既与当地乡村相融合，又秉持其特有的风格，看似平常，实则花费了爹爹妈妈不少心血。妈妈曾在给好友的信里道："我们的房子是最后一批建成的，我们因此必须为每一块木板，每一块砖，甚至每一颗铁钉而奋斗。我们必须亲身投入具体建设之中，帮助搬运材料，参与做木工、石匠等各种活计……"

建房期间，从打夯土墙到上梁立柱，房屋建造的每个过程工序，妈妈都要我和弟弟到工地去观察，以此了解中国房屋的建造过程。最后，我们的农舍小院终于落成了，爹爹走进屋内，看到最后几块地板尚未完工，而工人已不见踪影，于是他撸起袖子跪在地面上，为虚空的木板敲下了最后的几颗大铁钉。

这座农舍小院一共有三间房，当中的一间是妈妈爹爹和我们姐弟的卧室，右面的一间是起居室，有壁炉和桌椅；左面前半间是一个小饭厅，后半间是外婆的卧室，厨房和柴房在外面。这屋子的窗格是中式的菱形格子，同外部环境非常协调。我们搬进去后，妈妈常在家里的陶制土罐中插大把的野花，反正昆明的花多

1939年，林徽因与儿女在昆明郊区

得很，色彩或鲜艳或素淡，随手就可以摘取许多。

令我记忆犹新的还有一条甬道——当年我和弟弟从诚在爹爹的指导下，亲手为这处新家建造了一条好看又实用的甬道。因为进院后，从大门到房间还有一段距离，每逢下雨，进院很不好走。爹爹就带着我们到邻近的瓦窑村捡了些遗弃的碎瓦、陶罐碎片等，手把手地教我们使用木槌，学着苏州园林师傅的模样，拼出了十几种不同的花饰。有了花纹的甬道不仅美观好看，也减少了进院踩踏泥泞的窘态。

1940年春夏之交，我们终于住进了这座小院。全家都很喜欢这所"自己的"新房子。妈妈对能有这样一间为一家人遮风避雨，貌似"简陋的农舍"的寒舍，表达了她由衷的欣赏之情："我们正在一个新建的农舍里安下家来。它位于昆明东北八公里之处的一处小村落边上。风景优美而非军事目标。邻近一条高起的长堤，堤上长满古画般那种高大笔直的松树。"我在爹爹的指导下，在院子里种了些玉米、扁豆和西红柿，都长得很好。当爹爹妈妈收到我耕作的收获，十分欣喜自豪。

龙头村最美的就是那周边的田园景色。当我们从昆明城里搬

140

到乡下以后，我和弟弟（从诫）以及刘伯伯家的孩子们整天游戏于那广袤的乡间，从稻田跃上小山坡，然后绕着小树林狂奔。有一天，诗人卞之琳雨中来到我家参加聚会，是我给他开的院门，他即兴在我的小本子上留下一首小诗。这首诗很能反映当时我们龙头村小院的环境。

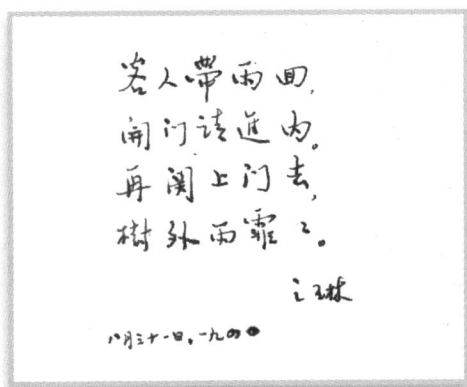

卞之琳在梁再冰小本上的诗

在昆明乡下，妈妈的家务劳动大大增加。抗战前，家里有厨师、保姆照顾我们的一切，现在我们的生活水平直线下降，妈妈不得不一人承担所有的家务。那时，爹爹和同事们屡屡外出考察，妈妈还要主持学社的工作，和刘致平一起继续他们的研究，她不得不放下热爱的文学创作，将全部精力放在家务事上。当时昆明乡下没电也没有自来水，更不见商店，采购则要等待赶集的日子，妈妈常常要用背篓将一周的菜全部背回来，做这一切家务是相当辛苦的。妈妈在给好友的信中也曾这样写道："我每日一起床就开始洒扫庭院和做苦工，然后是采购和做饭，然后是收拾和洗刷，然后就跟见了鬼一样，在困难的三餐中间根本没有时间感知任何事物，最后我浑身痛着呻吟着上床，这就是一切。"

妈妈此时虽然很是苦恼，但那时她做这些是义无反顾的。因为

141

她知道若她不去做这些，爹爹就无法坚持考察工作，为此她必须承担起全部家务。但说到那时在昆明的乡下的生活，却是我童年中很快乐的一段时光。说来有点"惭愧"，那时我们和刘伯伯家的孩子们整天在外面玩得昏天黑地，妈妈给我们准备了很多好吃的东西，回来就开始吃，这个也好吃，那个也好吃，我现在留下的关于那时的童年日记，每篇末尾都是"我快活极了"！后来我想想究竟是谁做的这些呢？当然是我妈妈，是她全力以赴为我们全家做了这一切。

昆明居所搬迁过程

1938年初—1938年冬：巡津街芷园（河边）

1938年冬—1939年初：西山别墅（面向滇池）

1939年初—1939年夏：巡津街9号（芷园后面）

1939年6月（麦收后）—1940年5月：龙泉镇麦地村尼姑庵

1940年5—12月（半年）：龙泉镇（龙头村）自建房

童年读书

我们一家人与营造学社同在兴国庵的时候，房间外面有一个较宽的廊子，稍加修饰便成了我们的"书房"。在用一条木板吊起来做成的书架上有不少妈妈买给我们的书。后来我们住进龙头村自建的农家院落里，因为在乡下，我和弟弟一时没有学可上，就整日在稻田里、小山坡上、小树林子里疯玩。妈妈觉得我们玩得太厉害了，就给我们准备了很多课外读物。这时我主要读的是一些翻译的外国儿童读物，如加拿大作家写的《绿庐小孤女》、美国儿童名著《小妇人》、法国故事《苦儿努力记》，还有一本德国儿童小说《爱弥儿捕盗记》，是讲一个小孩在街上被小偷把钱偷走了，他怎么样自己把这个小偷抓回来的故事，很有意思。除此之外，妈妈还给我们准备了老舍撰写的以新加坡为背景写的《小坡的生日》、张天翼为儿童写作的《秃秃大王》、赵元任翻译的《爱丽斯漫游奇境记》，还包括弟弟从诚那时最喜爱的多卷册的《人猿泰山》等。我从此迷上了读书，整天捧着这些小说，看个不停，任谁叫我，都不理不睬。金岳霖伯伯在我的小本上调侃道：

再冰脸面大且圆，

月亮当前白日间。

连叫几声听不见，

声音尚未到脸边。

妈妈也时常很"恼火"，她在我的小本上画了一只戴着眼镜的袋鼠，譬喻沉迷读书和玩耍的我，在旁边批注道："鼓励你读书的嬷嬷很不希望这个可敬的袋鼠成了你将来的写照。喜欢读书的你必须记着同这漫画隔个相当的距离，否则……最低限度，我一定不会有一个女婿的。"

来家中做客的新闻理论家马星野先生，看到袋鼠，也附和妈妈留言告诫：

我的小友梁再冰，

求学读书真用心。

紧防他年成袋鼠，

令堂警告最要听！

这一时期，一些经典名著《西游记》《水浒传》《三国演义》和《精忠说岳》也是我和弟弟爱看的书，其中的英雄人物是我们与刘家三兄妹叙杰、叙仪和叙彤在附近田野中玩耍时的模仿对象，我们有时还把爹爹妈妈的衣服翻出来在身上披挂起来，扮成书中人物角色开始"打仗"。

当时我们的生活水平因通货膨胀而日渐下降，但妈妈仍坚持给我们买书。她买书却并不刻意"督促"我们读书，她也不讲，而是顺其自然，就让我们自己凭兴趣看书，让我们随心所欲地阅读或是玩耍。

在爹爹去西南考察期间，妈妈认为我们应该对中国历史文学有些概念，学习体会其中的意义和韵味。她晚上会教我们背诵

林徽因给梁再冰小本上的画

林徽因"调侃"女儿梁再冰读书的漫画

一些唐诗、读一些古文。我印象中她带着我们读了若干篇《孟子》，为我们讲解《庄子》的"庖丁解牛"，妈妈讲解得十分生动，今天回想起来她的描述，还会有身临"解牛"其境之感。她还教我们念《战国策》中的名篇《唐雎不辱使命》。妈妈说，爹爹的国学功底比她深厚，要爹爹回来开始教我们读《左传》。不久，爹爹从四川考察回来，认真教了我好一段时间《左传》。他不仅熟读《左传》的许多篇章，而且是真正的"倒背如流"，简直让我佩服得五体投地。我跟着他学习过的那些篇章，八十年过去了，还能背诵得一字不漏。但后来由于他俩都太忙，我又去本地小学上学，《左传》的学习也就此中断了。

来到昆明后，我又养了一只小狸花猫，我们是爱猫的家庭，晚上它常常伴我睡觉。但它身上又有跳蚤，妈妈不许我抱着猫睡觉，我就把它藏在我脚下，妈妈晚上常到被窝里来把它"掏"走。后来这只小猫咪因为长寄生虫而死去了，我和弟弟都非常伤心。妈妈就教我们用松柏叶做了一个小花圈挂在树上，在一块布条上写着"纪念我们的小爱猫咪咪——爱你的一家人"，并且带着我们为小猫举行了一个小小葬礼。这件事多年以后还深深地印在我心里。

正当我们欢享"乔迁新居"之喜，住进昆明乡下自建的新家院落时，爹爹和刘伯伯他们又一次组织学社去四川考察，就在爹爹去四川考察期间，1939年9月，远在欧洲大陆的希特勒发动了"闪电战"。第二次世界大战战局也正在进入最艰苦黑暗的时期，法西斯德国攻占波兰，随后几乎占领整个欧洲，后又进攻法国。日本此时同德国、意大利结盟，加入"轴心国"阵营。1940年6月，法国巴黎沦陷了！我还记得那一天家里来了很多人——傅斯年、梁思永、李济、李方桂、董作宾、周培源、陶孟和、金岳霖、钱端升、罗家欢等，很多史语所和西南联大的朋友们也都来了，大家面色凝重，面对战局如此严峻，他们讨论着接下来究竟应该怎么办。1940年9月，日本占领了当时的"法属印度支那半岛"（今天的越南、老挝和柬埔寨）北部。越南北部有很长的边

1935年5月，傅斯年（左一）、伯希和（左二）、
梁思永（右二）在河南安阳殷墟西北冈大墓挖掘现场

界同云南接壤，越南被日本军队占领后，原本是"大后方"的云
南立即面临着日军直接入侵和破坏的重大威胁，日军的轰炸也愈
加频繁、凶猛。

这时，同中国营造学社工作关系密切的中央研究院史语所、
社会科学研究所（简称"社会所"）、中央博物院（简称"中博"）
等单位决定，从云南迁往四川，以保护它们的大批善本书和各种
随身所护的珍贵文物。当时我叔叔梁思永所在的史语所还带着一
批河南安阳殷墟发掘出土的带字甲骨，是异常宝贵的文物。他们
担心战争会将这些东西毁坏。傅斯年伯伯表示，一定要把这些东
西搬到地图上找不到的地方去，于是他们选择了位于四川南部的
李庄。营造学社由于在古建研究工作中常要借用"史语所"的图
书资料，因而决定随他们一起迁往四川。

那一年我11岁，我曾在童年日记里这样写道：

1940年9月19日　星期四　紧张的局面

这几天局面很紧张，听说日本兵已登陆了［法属印度支那北
部］，研究院和学社都要搬到四川去，但是车子很不好弄，大人
都摆着苦闷的脸，一天到晚长吁短叹，见了面就谈搬家，车子；

146

车子，搬家。

爹告诉我们说，我们又要搬家了，这回是坐卡车，雨天淋，热天晒，每人只可以带一点点东（西）。我听了非常高兴，因为我又可以走一省了。

世界形势的变化就这样同个人的命运紧密地联系了起来。

前往四川

接到教育部下达的通知后，1940年11月下旬，史语所、社会所和中博三个学术单位正式启动搬迁，准备从昆明迁往四川。中国营造学社随之同行。我们全家的准备工作早已就绪，只等接我们的卡车一到就要出发了。正在这时，意想不到的事情发生了：爹爹的脚趾感染了破伤风。那个时候治疗破伤风没有什么特效药，也没有抗生素，只刚刚开始有磺胺，磺胺可以治这种病，但按医生的说法，必须马上治疗，否则连腿也保不住。全家的气氛顿时变得十分愁闷担忧，爹爹也急得连声叹气。史语所等单位的工作人员和眷属（其中包括我三叔考古学家梁思永一家）即将出发，我们全家无法单独行动，必须随大队人马一起动身。

这对我而言亦是一个晴天霹雳，就发生在11月27日，离开的前一天。我的日记里还清楚地记录了当时的情形。

11月27日　星期三　送车

醒来听见妈说她昨晚理东西直理到一点，心里很不过意。九点钟时送了几件东西到响应寺过磅。下午客车来了，我们去送三婶［李福曼］她们，走的人很多，傅［斯年］太太、李［济］太太、小李［方桂］太太、庞太太、杨太太，小孩子也很多。等了一会儿，东西装完了，他们便在许多人的道别声、哭声、摇手中走了。［车］走得很慢，直冒着黑烟。我们见他们走了，便慢慢走回龙头村，买了些东西便回家了。

147

不多时，天已黑了。忽然，李连春来了，他说：梁先生，明天早上七点开车。这话好像晴天霹雳，大家又忙了起来。我看见［猫］咪咪在床上便去吻他，他连忙打呼噜，眯着小眼睛好像很高兴，他一点不知我们明天要走呢。

　　唉！事情真糟！爹忽然病了。恰巧这时钱姨［陈公蕙］钱伯［钱端升］和莫［宗江］先生来了，大家便在灯下商量如何办法，大家的脸色都忧愁，谁也没有一点嬉笑声。我也很着急，爹也很着急，时时叹气，声音有点像哭。睡下后想想明天爹不能走，要和小咪咪分别，并且要离开这房子，心里真是难过，忍不住掉下泪来，被窝头都湿了。

　　在这种情况下，爹爹妈妈决定：由妈妈带领全家（外婆、我和弟弟）同大队人马一起先走，爹爹留下治病，治愈后再到四川来。

　　就这样，妈妈带着全家人又一次长途旅行。这一次我们的目的地是四川南溪县李庄镇（现为宜宾市李庄镇）——位于长江边上的一个约两万人口的镇子。

　　根据我的日记，11月28日，我含泪别了爹爹，离开龙头村，跟着大人们去到城里办事；11月29日，在飘着雪花的天气中，我们坐带篷的卡车离开了居住将近三年的昆明。刘敦桢伯伯一家与我们同行，也在我们这辆卡车上。还有其他单位的许多人员。

　　离开昆明后我就因为晕车"难过极了，就倒在妈手上睡。有很多人都吐了。在易隆吃了中饭又走，我也吐了。后来困极就睡着了，醒来已到曲靖，在松花江旅馆住下，吃了饭，在楼上屋里写信和日记，写完就睡了"。11月30日，我们从曲靖出发。"曲靖很不错，银行、邮局、糖食店、理发馆、饭馆等都有，我们看了一会就上车了。在车上晕极了，头枕着箱角，个（咯）的难受极了，因为怕吐，又不敢动，实在很不舒服。"下午到达宣威，"住在中国旅行社。房间很好，但很黑，我们歇了一下，就出去玩，没什么好玩的。我们在好朋友大饭店吃了饭就回旅馆"。

12月1日这一天，我们在宣威驻留一日。小弟从诚忽然就病了，"发烧三十九度多，眼睛紧闭，我很着急……半夜在床上听见小弟说胡话，吓得我要死"。

12月2日我们继续坐卡车从宣威到威宁。我们很早就出发了，路上"晕得一塌糊涂，一直哼到一个没名的地方，下来吃饭，一口都吃不下，坐在地[上]歇了一会儿，刚有点好，又上车，坐到天黑才到威宁。因为中国旅行社没有房间，所以住在'官商客寓'，是个小店，很脏，老板抽鸦片烟，所以满屋子的鸦片烟味儿，很不好闻。我们把东西整理了一下，就到'南京饭店'吃了一碗面就回旅馆，路上点了一个火把，很是有趣。到旅馆后，我把糖分给[卡车队]分队长，分队长就送了我们许[多]橘子，我们就交了朋友"。

12月3日启程前，妈妈给我吃了一点晕船药，所以我一点也没有晕。我至今仍记得沿途的风景如画。当晚在日记里我还煞有介事地写道："风景分四种：一、中国画式；二、水彩画式；三、明星（信）片式；四、大石洞。这几种风景都极好看。我越看越高兴，一直到浓雾遮住了一切什么都看不见为止。"行路渐晚，天色愈黑，在临近城边时，竟还有背着狈的狼在离公路不远处奔跑。毕节那时候很荒凉，道路宽阔，行人稀少，我们住进中国旅行社的当晚，据同车的人讲，停在城门附近的卡车周围，可以听到狼围着嚎叫的声音，使守车的人害怕极了。

我们在毕节待了三个晚上。在毕节，从诚仍发着烧，妈妈带我到街上的中药店为他买了药，回来按当地土法在煮药时放进一个鸡蛋，然后用药浸过的鸡蛋为他揉搓额头，使他逐渐退了烧。

毕节街路很宽，两旁的店铺很是热闹，我和妈妈进城买药时，还见路旁有个老头在卖一种奇特的食物，名叫"黄巴"，我尝了一点，味道很像"窝窝头"。买完药以后，在回旅馆途中，妈妈看到了一个已改成学校的文庙，外面有白玉栏杆和红墙，相

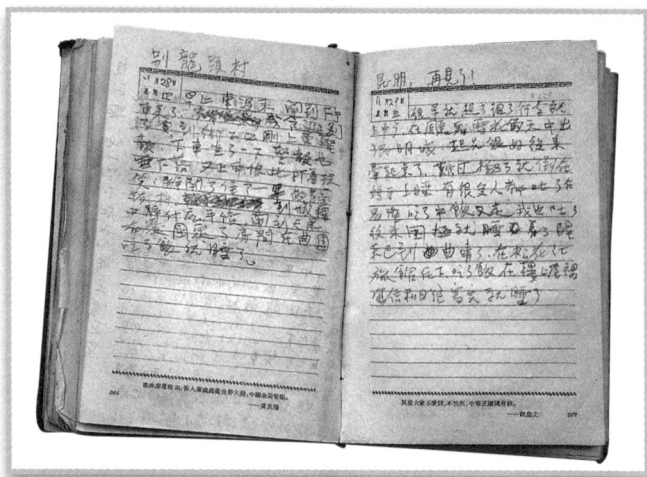

梁再冰日记（一）

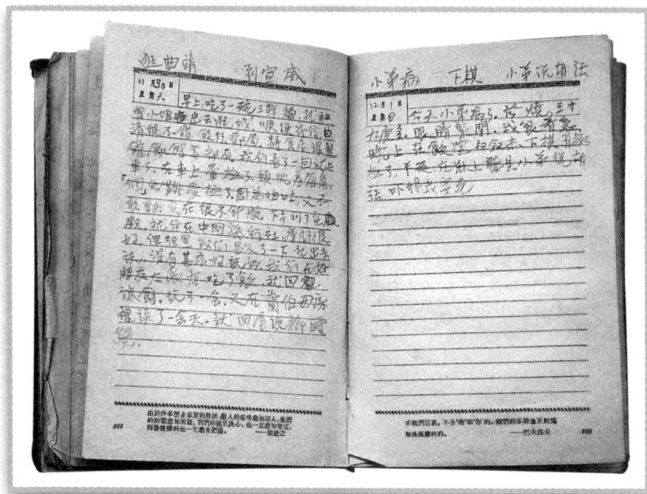

梁再冰日记（二）

150

梁再冰日记（三）

梁再冰日记小本

151

当漂亮，里面有很大的场地、大殿和石桥等。她对这座建筑物大感兴趣，一定要我同她一起进去看，还指点我看它屋顶的结构，结果引来许多里面小学生围观。我不愿意被他们围观，很不高兴，执意要走，就是不肯进去，妈妈使劲地拖拽我，我就像钉子一样一动不动，妈妈拗不过我，就跟着我出来了。当时她在街上没说我什么，但是回到家里就开始大发雷霆，妈妈教育我："你为什么这样不高兴？我们到了一个地方如果要参观，一定要看看这地方的县政府、重要机关、学校、孔庙以及街道的布置法、城墙的建筑法和树［木］才对，并不是单看看铺子卖什么东西就算完事的。"这段话我还写进了这一天的日记，这些情景我记得那样清楚。当时我11岁，只觉得妈妈是在"对牛弹琴"，我想我一个小孩，又不做古建调查，我怎么会懂呢。后来想起这件事，我想妈妈当时之所以那样恼火，大概是因为爹爹不在。那天如果爹爹也在，她一定会很高兴，他俩一定会进文庙去大肆考察一番，他们一定会就这个小学的文庙建筑说个没完。直到很久以后，我才意识到，这大概就是他们到各地考察古建筑和传统市镇规划时的一种调查方法吧。

我们12月6日离开毕节后，在赫章吃了中饭，当天傍晚到达叙永。12月7日中午离开叙永，傍晚到达泸州，住在蓝田坝的中国旅行社。

12月9日我们准备坐上水船从泸州去宜宾。同一卡车来的各家先把行李捆好，请挑夫挑到江边，费了大半个钟头大家才陆续上了小船。先用小划子将行李运到靠近轮船处，谁知走错了路，到跟前才发现轮船洞口太小，大件东西进不去。于是，刘敦桢伯伯和中央博物院的曾昭燏小姐等人就押着行李绕道而行，刘伯母带着刘家兄妹们，妈妈带着我们坐在囤船上等待他们。等了许久他们才来。而后我们又在囤船上等一个姓潘的经理过来，解决我们上船的问题。我们又饿又困，直到刘伯母和一个茶房头说通了，我们才得以上船。这一天，大家住官舱，是一间清洁的小屋，也没吃东西，打开铺盖饿着肚子就睡了。

12月10日，当我们在船上醒来时，发现船已驶开了。在船过南溪县时，我们看到岸上有许多境遇悲惨的伤兵。下午就到了宜宾，远远地看见了一排漂亮的房子，我真想下去看看，但船不停。晚上我们留宿在双江旅馆。停留在宜宾的那两天都有空袭警报，还好小弟烧退了，不然更紧张。第二天，比我们先到的莫宗江和陈明达先生在宜宾同我们"会师"了，大家都很高兴。我的日记里还记录了那场景：

12月12日　星期四　莫、陈先生来了

早上逃完警报在老乡亲吃饭，莫［宗江］、陈［明达］二［位］先生忽然来了（注：他们和我们不是同一批走的，比我们先到宜宾）。吃过饭回家（旅馆）和叙杰他们玩，大人都出去了，只有刘［敦桢］伯伯在家，我们玩了一阵便大闹起来，刘伯伯说：不许闹！我们便用手遮住嘴，想忍住笑，但忍不住，越笑越厉害。

李庄！李庄！

1940年12月13日上午，我们从宜宾坐小木船（下水船）前往李庄，终于来到了此行的目的地——当时离宜宾约60华里的李庄。我们一家后来在李庄住了五年半，直到1946年夏天才离开这里。在木船摇到李庄时，我们五个小孩高兴得同声大喊："李庄！李庄！"

李庄镇在长江南岸，当时是一个青山绿水、树木繁茂、郁郁葱葱的地方。镇南有与长江平行的起伏山脉，不太高的小山上是成片的橘林和茂密的竹林，江边有多人才能合抱的大榕树和宽阔的草场。沙土地上生长着颇有名气的李庄花生。在物资匮乏的抗战时期，这里是一个物产比较丰富、得天时地利的好地方。因此，不仅中央研究院的史语所和社会所、中央博物院以及营造学社等学术单位迁来了，同济大学也差不多在同一时期从云南迁来。一时间这个小镇成了后方人才荟萃的文化中心。

但是，李庄也是一个气候比较阴冷潮湿的地方，对患肺病的人很不利。妈妈的身体也因无法适应这里的气候而失去了健康。

我们到达李庄后，立即前往离李庄镇约两里路的上坝村月亮田，中国营造学社的"社址"就在这里。

中央研究院历史语言所在另外一个地方，叫作"板栗坳"，社会所所在的是一个叫"门官田"的地方，中央博物院就位于李庄镇上的张家祠。我叔叔梁思永是史语所的研究员，住在板栗坳。我记得妈妈那个时候身体还很好，乘坐滑竿去板栗坳看望过三叔，回来跟我讲："板栗坳好极了，大块大块的石板，大棵大棵的梅花、茶花，上五百五十五层台阶才到上面"。这一句我写在日记里头，印象还很深。在妈妈的描绘中，板栗坳不仅建筑物漂亮，环境也非常优美。要是板栗坳那地方还能保留至今，现在一定是一个绝好的旅游点。

我们住的上坝村在一座小山脚下，山上长满橘树。月亮田是一所宅院，院门朝西，从门口向西北看可以望见奔流不息的江水。这个门比里面的院子略高，走下几个石阶才是院子，院中长着不少芭蕉树。门口有一大片水田。出大门走几步就可以登上南

梁再冰、梁从诫于李庄

154

边的小山。这所房子并不全归我们使用。我们实际上是同房主合住在一个大的院落中，使用的只是这个院落的西北角。营造学社的办公室，即画图室，和宿舍主要是两片互成直角的房子。其中较长的一排为南北走向，分为东、西两个部分，分别面向有芭蕉树的前院和一个比较安静的后院。营造学社的办公室面向后院。我们一家则住在与学社办公室成直角的"侧翼"中。

刚到李庄，我们全家都在焦急地等待着爹爹的到来，我们经常到江边的囤船上去等他。但爹爹迟迟未来，直到过去了三个星期他才到李庄，可是他刚到不久，又为学社经费的事情，匆匆奔赴重庆，去向重庆政府寻求资助。他走以后，大概是过春节的前后，妈妈的肺炎症复发了。舟车劳顿的辛苦和阴冷的天气使她早已透支的健康达到了一个临界点，她的病势来得极为凶猛：连续几个星期高烧到40度不退，夜间盗汗不止。那时候李庄没有自来水，也没有电，没有任何医疗条件，也不可能进行肺部透视检查，当时也没有任何肺病特效药，磺胺可以治一点感冒，但吃过磺胺后的副反应很强烈，人会变得没有胃口，不能吃饭。妈妈身边也没有任何医生或护理人员，我和弟弟都太小，我11岁，弟弟8岁，外婆年纪又太大，可怜的妈妈当时只能独自一人凭体力慢慢熬着。我早上起床时时常看到妈妈床边挂着许多被汗湿了的毛巾。看到她一天比一天病得厉害，我那时真的很害怕，害怕妈妈会离开我们，感觉仿佛天塌下来一般，有时候我害怕到只敢自己一个人偷偷地哭，但又不能给她以任何实际的帮助，我不知道我该怎么样做才能减轻她的痛苦。

她就这样发着高烧，一个人干熬着，大概持续了一两个月，也许是因为她那时还年轻，还只有三十多岁，最终她还是扛过来了。烧退之后，她的病情渐渐趋于稳定。只是从那以后她失去了以往的健康，需要长久地卧床休息。尽管当她稍有好转时，还会奋力持家和协助父亲作研究工作，但妈妈的身体日见衰弱，再也无法回到从前的状态了。

梁再冰日记（接爹爹空手而归）（一）

梁再冰日记（接爹爹空手而归）（二）

156

爹爹直到到1941年4月间才回到李庄，我记得那时候李庄的梨花都开了。爹爹回来时，妈妈略带责备地问他为何回来得这样晚。爹爹原本打算隐瞒，犹豫再三才吐露实情：我的三舅，妈妈最爱的三弟，空军飞行员林恒在成都上空迎击日机时壮烈牺牲了。事情发生在那一年的3月14日，当大批日本飞机飞临成都上空时，空军的防空警戒才有所反应，为数不多的战机仓促起飞，林恒驾驶的飞机正待升空，就被敌机击落在跑道尽头几百米的地方，年仅23岁。原本父亲在重庆办完事正准备返回李庄，接到消息后，便瞒着妈妈，即刻赶赴成都为三舅林恒处理后事。三舅比妈妈小十多岁，他在汇文上高中时就在北平和我们家住在一起。妈妈很疼爱这个小弟，三舅在很小的时候生病大哭，是妈妈一直抱着他、安抚他、照顾他的；我也特别喜欢这个舅舅，他的性情温文儒雅，非常体贴亲人。住在北总布胡同时，我放学回来最高兴的事情就是见到舅舅在家。1940年舅舅作为第十期学员从空军航校毕业时，因为爹爹和妈妈不带我去参加舅舅的毕业典礼，我还闹过一阵脾气。骤然听到这样的噩耗，本就饱受病痛折磨的妈妈又一次遭到了沉重的打击。我和弟弟都非常伤心，外婆更是难过极了。我一个人跑到外面的场院，掩面痛哭了许久……

哭三弟恒

弟弟，我没有适合时代的语言
来哀悼你的死；
它是时代向你的要求，
简单的，你给了。
这冷酷简单的壮烈是时代的诗
这沉默的光荣是你。
假使在这不可免的真实上
多给了悲哀，我想呼喊，

那是——你自己也明瞭——

因为你走得太早，

太早了，弟弟，难为你的勇敢，

机械的落伍，你的机会太惨！

……

啊，你别难过，难过了我给不出安慰。

我曾每日那样想过了几回：

你已给了你所有的，同你去的弟兄

也是一样，献出你们的生命；

已有的年轻一切；将来还有的机会，

可能的壮年工作，老年的智慧；

可能的情爱，家庭，儿女，及那所有

生的权利，喜悦；及生的纠纷！

你们给的真多，都为了谁？你相信

今后中国多少人的幸福要在

你的前头，比自己要紧；那不朽

中国的历史，还需要在世上永久。

你相信，你也做了，最后一切你交出。

我既完全明白，为何我还为着你哭？

只因你是个孩子却没有留什么给自己，

小时我盼着你的幸福，战时你的安全，

今天你没有儿女牵挂需要抚恤同安慰，

而万千国人像已忘掉，你死是为了谁！

节选自林徽因《哭三弟恒》

158

在北平时，林徽因与三弟林恒合影

林徽因三弟林恒军装照

林徽因三弟林恒与同学合影

1941年至1942年是第二次世界大战和国内抗日战局最艰难的时期，也是从我们一家人自离开北平以后最煎熬、最暗淡的时期。我的三叔梁思永到李庄后肺病也复发了，病情同母亲非常相似。爹爹对兄弟和妻子的重病非常无助。他自己腰椎背痛的毛病虽然暂时没有犯，但只是相对的稳定，没有继续发展恶化而已。不过此时他的背已经驼得很厉害，体质也在明显地下降，虽然只有40岁，可是精力已经大不如前了。

从爹爹和妈妈还有金岳霖伯伯给老友费正清夫妇的信中，他们在相互调侃间，可略见他们李庄生活的窘况。

"思成是个慢性子，喜欢一次就做一件事情，对做家务是最不在行了。而家务事却多得很，都来寻他，就像任何时候都有不同车次的火车到达纽约中央火车站一样。当然我仍然是站长，他可能就是那个车站！我可能被轧死，但他永远不会。老金（他在这里待了些日子了）是那么一种客人，要么就是到火车站去送人，要么就是接人，他稍稍有些干扰正常的时刻表，但也使火车站比较吸引人一点和站长比较容易激动一点。"（林徽因）

"面对着站长，以及车站正在打字，那旅客迷惘得说不出任何话，也做不了任何事，只能眼睁睁地看着火车开过。我曾经经过纽约的中央火车站好多次，一次也没看见过站长，但在这里却两个都实际看见了，要不然没准儿还会把站长和车站互相弄混。"（金岳霖）

"现在该车站说话了。由于建筑上的毛病，它的主桁条有相当的缺陷，而由协和医学院设计和安装的难堪的钢支架（指他身上穿着的钢背心）现在已经用了七年，战时繁茂的车流看来已动摇了我的基础。"（梁思成）

引自林徽因1941年致费慰梅的信

家里的经济状况日趋走向谷底。我们住的两间陋室低矮、阴暗、潮湿，竹篾抹泥为墙。爹爹和妈妈的卧室部分是砖墙，虽装了白木地板，但仍顶不住川南的潮气。梁柱都被烟火熏得漆黑，顶上有竹制席棚，蛇鼠常常出没其间，木床上又常出现成群结队的臭虫。没有自来水和电灯，煤油也须节约使用，夜间只能靠一两盏菜油灯照明。

更使父亲伤脑筋的是，营造学社的经费问题使得研究工作已经变得举步维艰。为了获得相对稳定的资金来源，爹爹不得不每年花费大量的时间到重庆去请求资助。那时候的交通非常不便，从李庄到重庆要坐船，跑一趟要好几个月，去的时候是下水船，回来坐上水船。因为学社是个民间学术团体，没有正式的编制，向国家机关申请经费很是艰难。教育部补贴给的是钞票，但那时候物价飞涨如脱缰之马，通货膨胀异常严重，等拿到钞票就已经贬值了很大一块，所以必须要很快地买米、买面，若每月薪金到手后不立即去购买柴米油盐，等过个三五天，钞票就会化为废纸一堆。我们到达昆明时，通货膨胀就已经开始了，到李庄后，物价简直飞涨到今天不知明天会是什么价钱的地步。

食品愈来愈贵，我们的饭食也就愈来愈差。妈妈吃得很少，身体日渐消瘦，整个人看上去憔悴不堪。肺病病人需要补充营养钙质，但那时候根本买不到奶粉。为了略微变换伙食花样，爹爹在工作之余开始学习蒸馒头、煮饭、做菜、腌菜和用橘皮做果酱等。家中实在无米下锅时，爹爹就带着我到宜宾镇上委托商行去典卖衣物，我们把派克钢笔、手表、妈妈的一些衣服等"贵重物品"都"吃"掉了。爹爹还常苦中作乐道，"我们今天把这只表'红烧'了吧！""这件衣服'清炖'如何？"

这一路西迁流亡中，我们的家庭生活遭遇巨变，在李庄，美丽的妈妈所有的好衣服几乎都送进了当铺；她一夜之间从京城的大小姐，变成家徒四壁终日忙碌的煮饭婆……我们的生活日益清苦，每况愈下，妈妈调侃自己说："我正在继续扮演经济绝招的

161

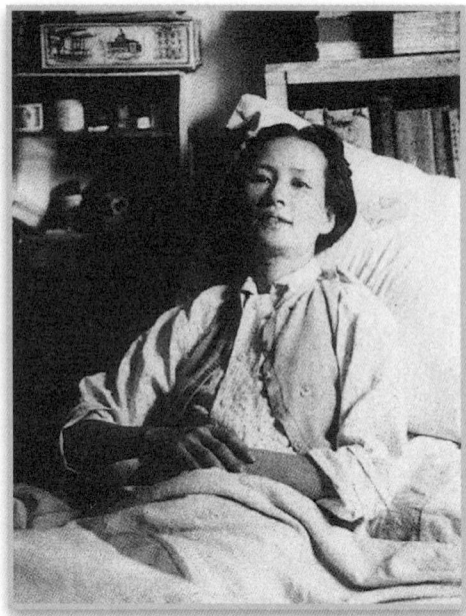

1940年冬，林徽因卧病李庄

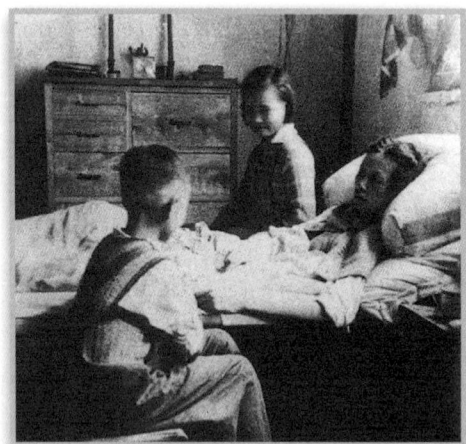

1941年，林徽因卧病李庄

162

困难时期金岳霖、梁思成亲自养鸡

梁思成、梁再冰、梁从诫在李庄

'杂耍演员'，使得全家和一些亲戚和同事多多少少受到一点好的照顾。我必须为思成和两个孩子不断地缝补那些几乎补不了的小衣和袜子……这比写整整一章关于辽、宋、清的建筑发展或者试图描绘宋朝首都还要费劲得多。这两件事我曾在思成忙着其他部分写作的时候高兴地和自愿地替他干过。"她对我的学习成绩还不错挺高兴，但是对我每天要走很长的泥路去上学又感到心疼，还总是担心我中午上学会吃不饱。

爹爹也曾这样描述我们在李庄的日子："很难向你描述我们现在的生活，或许很难想象：在煤油灯下，我们做着儿童的棉底鞋，点火做饭，买便宜的粗粮。我们回到从前，过着像父母十几岁时一样的生活，但却从事着现代工作。"

正在这让人倍感生活煎熬的时刻，从北方传来了迟滞两年的消息。1939年，天津因为涨水成为一片泽国。营造学社六七年间在各地考察，走遍河北、河南、山东、山西、浙江几个省所搜集到大量的古建筑资料，包括拍摄的大量照片、绘制的图纸等，在抗战刚开始的时候，曾被爹爹和刘伯伯存放在天津麦加利银行的地下保险库中，父亲他们只随身带走了少量关键的测绘笔记和资料。谁能料到天津发大水后，这批资料悉数被淹没。事发突然，营造学社的朱启钤社长当机立断，立刻组织人员到天津把水里的东西捞出来，其中的很多胶片都已被彻底泡坏，他们将烂成泥状的资料晾晒，试图抢救一下，但是很多底片资料即使晾晒出来也已经无法再冲印。这是父母和学社成员们多年心血的积累和结晶，父亲和母亲听到这一消息后几乎痛哭失声。父亲是从不轻易掉泪的人，我这辈子从未见他们哭得这样惨痛过。

抗战中后期，因为蛰居于偏僻的西南一角，长久的战争环境和内部的封闭、单调、贫乏的生活，使得坚守在李庄的日子变得日趋不平静，人心浮动。营造学社的经费来源一次又一次陷入绝境，最后连五个人的工资也发不下来了。在那样的情形下，想要继续展开野外考察、全面开展研究工作几乎是不可能的事了。

1941年李庄，林徽因在病榻上与梁思成、梁再冰、
梁从诫、林暄、大妹、二妹的合影

1943年，刘伯伯要到重庆中央大学教学去了。刘伯伯离开李庄的那天，我见到爹爹和刘伯伯两人久久地相拥在一起，他们都落泪了，后来陈明达先生也决定离开了。妈妈说，刘伯伯是一个非常能干、非常负责的人，学社的全部账目都由他负责，很多琐碎杂事也都是刘伯伯在管。现在这些工作一下子全落在爹爹的肩上了，学社能否坚守下去，实在成了我们要面临的最大的考验。

《图说》与《汇刊》

此时我们在李庄，爹爹和妈妈面临的是困境甚至可以说是绝境，母亲大病未愈，又忽闻存放在天津的资料大部分遭到损毁，七年的学社研究成果几乎全部泡汤，这其实已令营造学社陷入停滞，前途一片渺茫。学社的研究经费父亲经常跑断腿也难以"乞求"到，从长沙、贵阳、昆明，再到四川宜宾李庄，我们一家人一路避险逃难，为盖昆明的那座寒舍，几乎倾囊而出。而在李庄为了吃饭，家中值钱的物什渐渐典当干净，到这一刻我们是真正的一无所有了。

然而父亲母亲仍没有放弃。他们经过与教育部和中央研究院等单位协商，营造学社的几位成员分别纳入中央研究院史语所和中央博物院筹备处的编制内，这些单位及时施以援手，在爹爹他们最困难的时候，帮助了中国营造学社，使得这个民间学术机构可以暂渡难关。

在父亲例行前往重庆为学社的经费奔忙期间，有一天，母亲忽然收到了一封信。寄信人落款为中央研究院历史语言研究所的所长傅斯年伯伯。信函封得很严，母亲拆开后看到，里面有一封傅伯伯在1942年4月18日写给当时的教育部长朱家骅的信。信中，他谈到父亲梁思成和妈妈林徽因、三叔梁思永的身体状况和生活近况，请求朱家骅代表政府有关部门为两家兄弟拨款予以帮助。傅斯年伯伯非常了解营造学社的工作性质和重要性，也深知他们所处的困境。傅伯伯在信中说道："梁思成、思永兄弟皆困在李庄。他们二人万里跋涉，到湘、到桂、到滇、到川，已弄得吃尽当光，又逢此等病，其势不可终日……梁任公之后嗣，人品学问，皆中国之第一流人物，国际知名，而病困至此。今日国家如此，个人如此……此事请兄谈及时千万勿说明是弟起意为感，如何？"

四个月后，时任国民政府经济资源委员会副委员长的翁文灏给傅斯年回复："委座拨赠梁思成思永二兄，医药暨学术补助金共二万元整。命为代收、转交，敬将此款照数汇奉。"

傅伯伯事先并未告知父母，便出于仁义伸出援手。母亲读完信，顿时百感交集。她估计正在重庆的父亲尚不知情，遂提笔回信，对傅伯伯表达了"惊闻此讯"的震动，和无以为报的感激与惶恐之情。她写道："空言不能陈万一，今日里巷之士穷愁疾病，屯蹶颠沛者甚多。独思成兄弟年来蒙你老兄种种帮忙，营救护理无所不至，深觉抗战中未有贡献，自身先成朋友及社会上的累赘的可耻……好容易盼到孩子稍大，可以全力工作几年，偏偏碰上大战，转入井臼柴米的阵地，五年大好光阴又失交臂。近来更胶着于疾病处残之阶段，体衰智困，学问工作恐已无分，将来终负今日教勉之意，太难为情了。"妈妈还请求祖父梁启超在重庆的故人——翁文灏先生即刻转告父亲有关实情，以免父亲不知所措。

傅伯伯的信件我也是很久以后才有机会看到的。只是在我的记忆里，1942年春夏以后，父亲和母亲的精神开始稍有好转，两人总是嘀嘀咕咕地说着什么，眉目间开始有了些兴奋的神色。父亲和母亲那时开始考虑梳理、总结和编纂以前营造学社外出勘察测绘的大量资料，可能他们那时终于获得了一些研究经费上的资助。他们急迫地要去做成几件事：首先是要将在天津被损毁的考察图纸资料重新绘制、整理一遍，考虑到这些孟真先生：

接到安件一束，方喜驚，问山姐渍到嚴冬僻萃羊之坐事

甚感！宣言不能陷萬一雅不做縮恰進謝，匆促書不報，

意又未安。躊躇了许久纲且临書未訓，话不知該怎说起。

今日世薇之士窝葸崇疴也辙顾侪者甚多，固右流救之

流之一群，獨恚感先等年来業務名是種々幫忙，管牧

薩爱积意阿不至，一方佰荖未曾之敞，在陈方面固为更存天

下之義，歯寧香偏私，使至我的方面纸感到Ecke終增塊

林徽因给傅斯年的信（一）

168

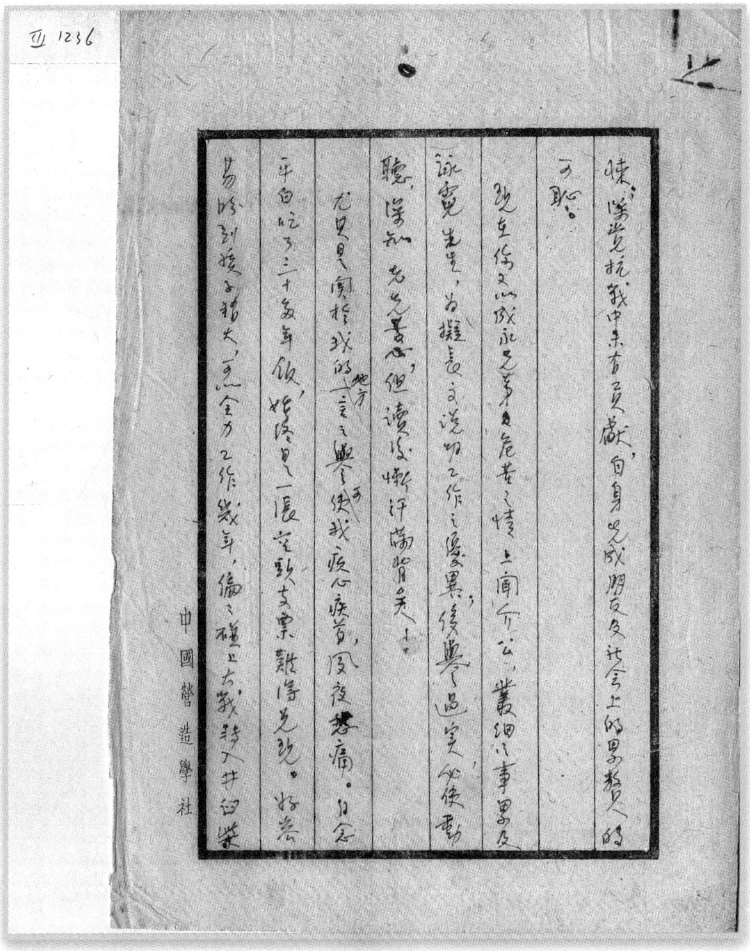

林徽因给傅斯年的信（二）

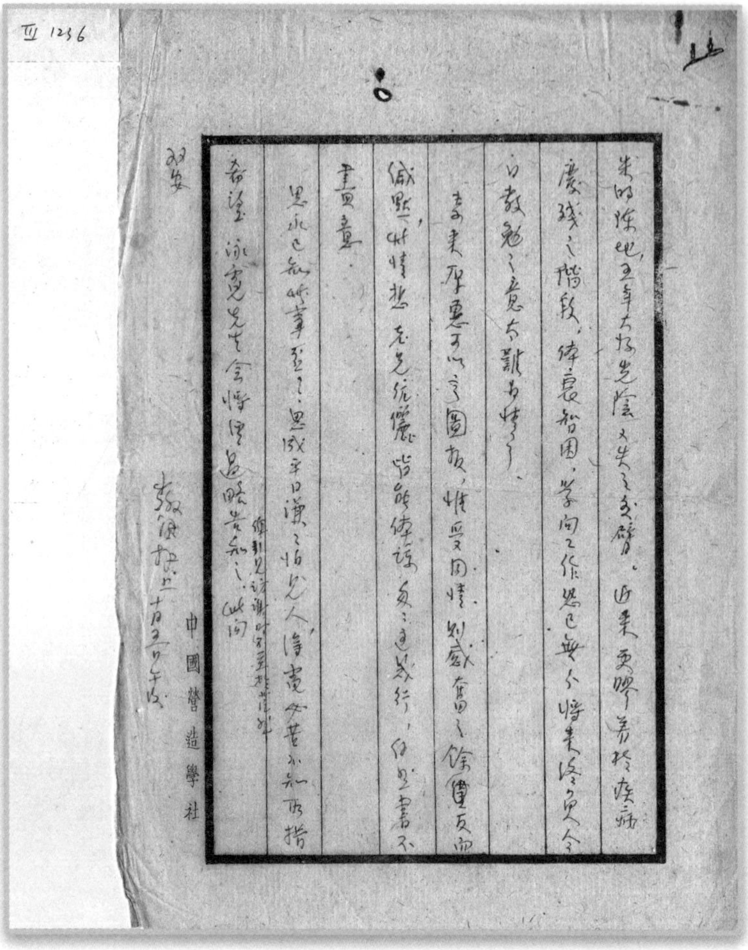

林徽因给傅斯年的信（三）

图纸资料之前因浸水而损毁，他们准备要将重新绘制的地图和研究成果结合使用当时先进的幻灯胶片技术，以照相制版形式保存，在他们新绘制的建筑图画上，他们要附上中英文的写作说明；这些也将作为他们准备出版的《中国建筑史》和中英文版的《图说中国建筑史》的资料；此外，他们要尽快恢复《中国营造学社汇刊》的出版。

在这潮湿低洼的江边之地，爹爹的背此时已经伛偻得很厉害，但他在漆黑潮冷的办公室里，仍坚持每天画图。他画图时总爱哼哼唧唧地唱歌，由于背痛的毛病，他的头已经有点"重"得抬不起来了，于是他就找来个花瓶"支撑"住自己的下巴。他曾经开玩笑地告知吴良镛先生"这样画图，线条画得更直。"由于工作量大，常常需要他在晚上继续赶图、赶稿，画图室没有电灯，晚上漆黑一片，平常我们都是点菜油灯，即使使用较粗的灯芯，也只能得到如豆的灯光。家里最大的灯是一盏煤油灯，也叫马灯，提着它可以在外面行夜路。父亲每天都会把他那盏马灯打开，加上煤油，他自制了一个精巧的擦拭马灯的小布刷，然后仔细地把灯罩擦拭得锃光瓦亮。夜晚我常常看见父亲提起那只"全家最高级的照明设备——马灯"走进他那简陋的办公室，将马灯摆在一旁，就开始了他的画图。

从天津洪水之中抢救出的一小部分图纸和资料，朱启钤社长带人抢救复制之后，寄了两份到四川给父亲和刘敦桢伯伯，同时他们也保留了一些随身携带的相关考察记录等资料，父亲和老莫以及学社同仁凭借这个基础，开始重新绘制、复制和整理了营造学社七年间的勘察测绘的古建绘图，将它们整体而完整地绘制出来。这些绘图开张都很大，每一张图至少有李庄办公桌的三分之二面积。1943年春，我听到父母亲开始商量，怎么样才能让这些好不容易通过古建实地考察、测绘和拍摄所整理出来的图纸、照片资料做到长久留存。由于当时国内的印刷条件很差，而他们这批图片资料要求的印刷精度又很高，他们决定请求美国朋友费正

李庄营造学社（一）

李庄营造学社（二）

清、费慰梅夫妇给予帮助，将一部分图片先拍成缩微胶卷，然后送到美国付印。这些图片附有中英两种文字说明，文章也将用两种文字写作，这些后来成为英文版和中文版《图说中国建筑史》的重要内容。

在这个时期，学社确实已无经费可以支撑他们去做大规模野外考察了，这对爹爹和同事们来说是一种无奈和困境，但这也同时给了他们另类的选择和机遇。他们被"困守"在李庄寂寞黯淡的小屋中，伴着青灯古卷，这也让他们有时间静下心来，继续他们能够做的工作——全身心投入梳理和总结他们以前的考察和研究成果。战前营造学社已经勘测了两百多个县近三千处古建筑，他们在现场实地攀爬斗栱，亲自动手测绘，得到大量的第一手珍贵资料，这使得他们这些"营造学人"对李诫的"天书"《营造法式》有了更为深刻的理解，对于唐、宋、辽和金，以及明清等建筑的工艺艺术，和各个朝代间更迭时建筑特征的变化已经有了超乎寻常的认知，开始形成了自己独有的建筑系统思维和框架体系。通过大量制图和修正以往的绘图错误和判断，父亲潜心于图解"法式"的同时，他自己的思维体系和研究框架也进一步形成。父亲曾经心心念念要向祖父学习"梁启超方法论"，经过多年的建筑学研究与"拙匠"实践的相结合，他一直在摸索理论性的突破和跨越，"梁思成建筑研究方法论"也在逐步形成和提升。他正以全新的视角、现代科学的方法、系统化的思维架构，撰写一部具有现代新意的中国建筑史，他们以中英文注释，面向世界图解"中国建筑发展史"。正如祖父梁启超呼唤和期盼的——他的儿子思成正尽一切努力为中国传统建筑研究注入着"新元气"。

谈及在整理国故中创新，父亲在《为什么研究中国建筑》一文中说道："艺术创造不能完全脱离以往的传统基础而独立。这在注重画学的中国应该用不着解释。能发挥新创都是受过传统熏陶的。即使突然接受一种崭新的形式，根据外来思想的影响，也

173

LONGITUDINAL SECTION　縱斷面

1　0　　　　　5公尺

山西五台山

MAIN HALL OF FO-KUANG

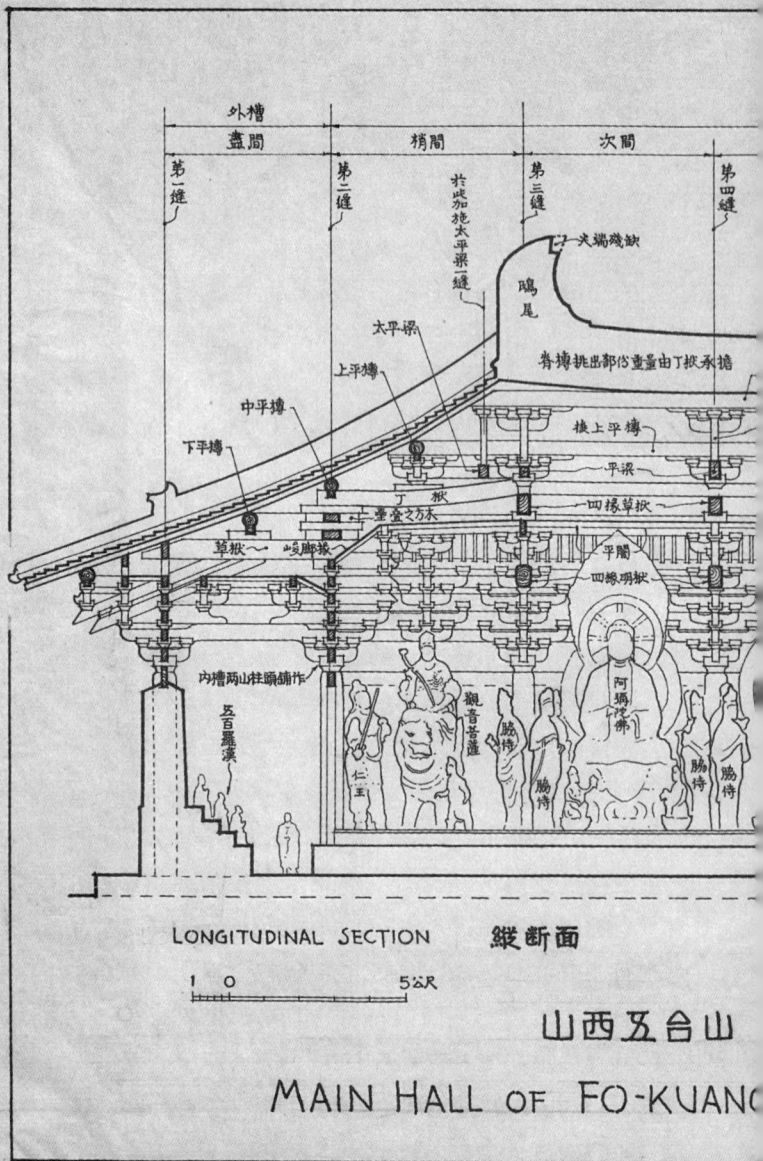

梁思成与营造学社同仁在李庄煤油灯下所绘制的精美图纸之一

174

外檐
次間　　梢間　　襲間

第四縫　第三縫　第二縫　搪柱中線

鐵钬　鴟尾

正脊

坐脊

仰覆瓪瓦屋頂

獸頭

每間用補間鋪作一朵　柱頭鋪作　轉角鋪作

門額

直櫺窗　窗額
櫺子
額
椽栿

搪柱

門頰

角柱

山墻

版門

地栿　門檻

下栿

墻砌檻墻

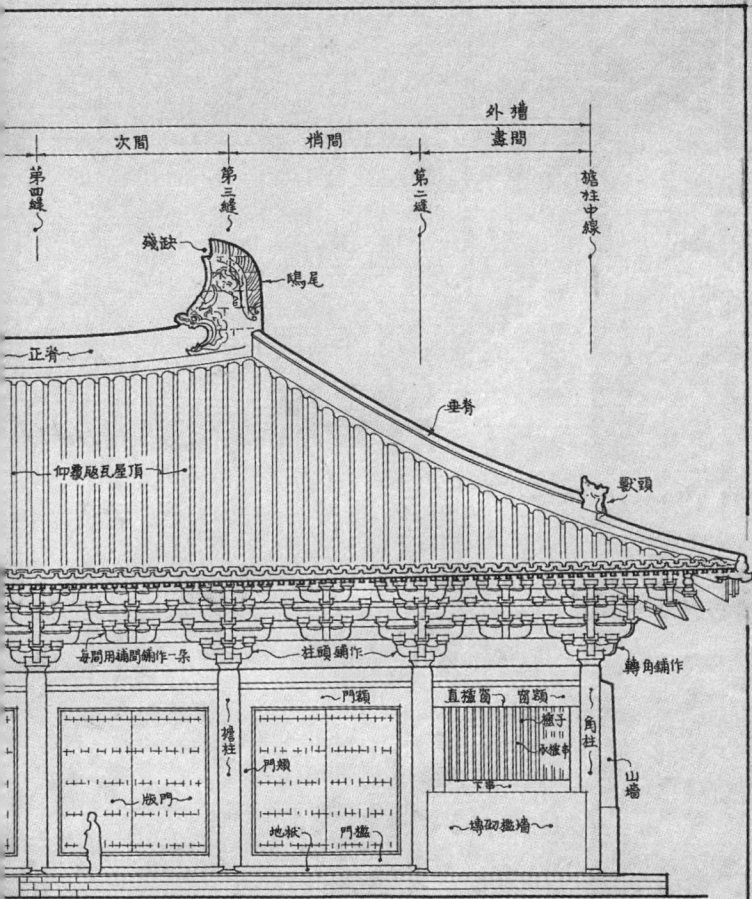

西立面　WEST ELEVATION

寺大殿　唐大中十一年建　857 A.D.

·WU-T'AI SHAN·SHANSI

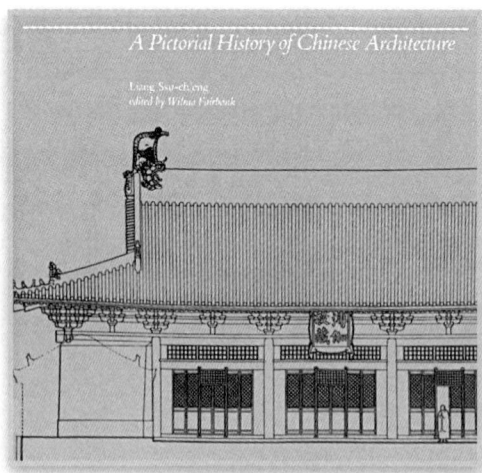

《图说中国建筑史》封面

仍然能表现本国精神。如南北朝的佛教雕刻，或唐宋的寺塔，都起源于印度，非中国本有的观念，但结果仍以中国风格造成成熟的中国特有艺术，驰名世界。艺术的进境是基于丰富的遗产上，今后的中国建筑自亦不能例外。"

父亲后来提到自己这部书时说："这本书的格局和范围，比开始时大多了。"

可惜的是，《图说中国建筑史》是在他们二人都已逝世多年以后，经过许多曲折才终于出版的。当我手捧这本红色封面、印制精美的《图说中国建筑史》时，看着这些绘图和文字解说，不禁想起了爹爹妈妈和我们在李庄的日子，这一张张图纸的绘制、一行行文字的编写，简直是他们用自己的血肉之躯换来的。

恢复出版《中国营造学社汇刊》

《中国营造学社汇刊》是抗战前学社定期出版的高水平的学术期刊，抗战开始后，学社会员一路辗转，勘测研究都遭受重创，这本汇刊也被迫停止出版。但父亲和母亲都认为，作为一个学术研究机构，学术刊物出版是极为重要的事情，营造学社必须想办法使他们的研究成果能够得到认知、认可和问世。他们决定排除困难恢复《中国营造学社汇刊》的出版，将他们战前的实地勘察成果和战时的调查研究报告发表出来。那时，父亲和莫宗江先生承担了大量的绘图工作，只要不发烧，身体勉强可以支撑时，母亲也要大量读书做笔记，协助父亲做英文文字解说及图文编撰等工作。母亲卧床休息的那张小小的行军帆布床周围一时堆满了中外文书籍。

在李庄出版《中国营造学社汇刊》可谓困难重重。战前的汇刊印刷精美，水平颇高，用的是铜版纸，在北平的印刷室完成，所刊载的古建考察研究报告不仅文字内容备受关注赞誉，其中清晰专业的照片、图片和绘图印刷水平也广受好评。可是那时在李庄，出版汇刊让人感觉印刷作业一夜之间退回原始的拓印时代。当时李庄既没有印刷用纸，也没有可以印刷的设备，绘图需要全部改成手绘图纸；当地所能找到的"印刷"纸非常脆弱劣质，还泛着光；李庄附近也基本没有任何正规的印刷设备，爹爹他们只好自己刻蜡版石印，其中的图纸和文字印刷，全依靠人工手描，根本无法将图文直接印在纸上；装订也很困难，只能用最传统的笨办法，要人用线一针一线地缝起来，全家人都加入了这个"印刷作坊"，连外婆都出来帮忙了。幸而当时学社的人员已有所增加。罗哲文先生这时来到营造学社工作已有三年，他是四川李庄人，最初是刘敦桢伯伯的学生，后来爹爹很欣赏他，将他调到法式部参加绘图工作。那时他的名字叫"罗自富"，因为同美国总统的名字"罗斯福"谐音，爹爹常常开玩笑叫他"总统"。

虽然李庄的印刷条件极其简陋，最后大家还是齐心协力，完成了两期《中国营造学社汇刊》，全手工制作出版。1944年出版了第七卷第一期，1945年出版第七卷第二期，每期分别印刷了

177

在李庄出版完成的《中国营造学社汇刊》第七卷第二期封面

200册，在战火纷飞中寄往全国各地与读者见面，使全国乃至全世界的建筑学者都知晓了他们的最新研究成果。

这两期汇刊虽然纸质低劣、薄脆，但其中的内容却十分重要也特别精彩。第一期是父亲编的，其中刊印了如今对于中国建筑史学研究极为重要的山西五台山佛光寺的考察报告——《记五台山佛光寺建筑》。佛光寺的伟大发现与"卢沟桥事变"几乎发生在同一时刻，随后抗战全面爆发，学社一路西迁流亡，始终没能有机会整理出版这个重大发现的有关报告，恢复出版的汇刊分成两期发表了这个在学界引起轰动并至今引为经典的研究报告。第二期是由母亲编辑和撰写的，汇集了若干篇营造学社学者和有关建筑师的古建和民居的考察报告。其中还有一篇颇为引人注意的文章——《现代住宅设计的参考》，这篇四万多字的文章是由母亲负责翻译、整理、撰写的。在这篇文章中，母亲介绍了同一时期美国、英国等西方国家对战后新型住宅建设的思考，比如如何将贫民窟改造成廉租房供普通工人们使用，文章还谈及她自己对如何建设价格低廉、低收入者能够住得起的房子的理解。在那样"无望"的年代，父母和同事们编纂的这些文章，对生活与未来充满希望，今天读这些文章，依然生动精彩，一点也不过时。

> 研究中国建筑可以说是逆时代的工作。……
>
> ……幸而同在这时代中，我国也产生了民族文化的自觉，搜集实物，考证过往，已是现代的治学精神，在传统的血液中另求新的发展，也成为今日应有的努力。中国建筑既是延续了两千余年的一种工程技术，本身已造成一个艺术系统，许多建筑物便是我们文化的表现，艺术的大宗遗产。除非我们不知尊重这古国灿烂文化，如果有复兴国家民族的决心，对我国历史文物，加以认真整理及保护时，我们便不能忽略中国建筑的研究。
>
> 以客观的学术调查与研究唤醒社会，助长保存趋势，即使破坏不能完全制止，亦可逐渐减杀。这工作即使为逆时代的力量，它却与在大火之中抢救宝器名画同样有急不容缓的性质。这是珍护我国可贵文物的一种神圣义务。
>
> 引自梁思成《为什么研究中国建筑》

在李庄那段与父母朝夕相伴的岁月里，虽然我们的生活水平每况愈下，然而父亲母亲在事业坚守和面对困苦中始终有着共同的态度和选择，他们表现出高度的一致。面对生活的突变和下沉，他们都是一幅"满不在乎"的样子，他们依旧可以笑口常开，他们的拌嘴和吵架也少有因为缺吃少穿，倒是常常为工作争得面红耳赤，典当衣物他俩互相调侃，一副苦中作乐的模样。我开始慢慢体会出爹爹和妈妈身上带有一种与生俱来的"寒士"之风，无论生活"沦落"到怎样的底层困境，他们那股子"精神头"始终傲然而立，从不曾消失丢弃。

同时从父母身上，我更是感受到了他们那种高度的社会责任感和极为强烈的文化使命感。战争岁月里，他们的信念和乐观精神也源自他们对自己文化的坚信，对这块文化阵地的坚守的决心。如同战士坚守战场一般，他们视自己为捍卫文化的战士，无论面对怎样的贫苦，忍受怎样的折磨，他们都无怨无悔，义无反顾。

汉墓与汉史研究

在李庄大病一场后，已是极度病弱的母亲并没有放弃希望，她对中华民族的命运和自己的事业仍保持着一种强烈的信心，相信抗战终究会取得胜利，相信父亲与她为之贡献了半生精力的研究工作一定会继续下去。

妈妈这个人，尽管她在人前十分闪亮，但她在幕后的角色或许更实在。在李庄我曾经很多次听到她对爹爹一遍一遍地讲：营造学社一定要坚持下去，绝不可半途而废！这位不领薪水的"社员"，在学社也堪称一位灵魂人物，那时的母亲简直是拼其性命，全身心地投入，去帮助父亲和营造学社在绝境中继续坚守下去。她对父亲的一生的事业研究给予了最为坚定的支持甚至支撑。她非常关爱学社的年轻晚辈，以她的智慧和激情感召和鼓励他们坚持下去，妈妈的朋友们多次感叹母亲是一位"幕后英雄"和富有感召力的"啦啦队长"。

在病情稍微稳定以后，考虑到自己卧床已久，至多在房前屋后走路活动，她的身体条件已不允许她再和父亲一起外出去做古建筑实地勘测。母亲开始大量阅读、查阅文献并做笔记。在李庄这段时期她所阅读的中、英文书籍涉及范围很广，开始多与中国建筑史研究有关。父亲和营造学社因为资金和战局限制，至多在四川一带考察汉墓和汉阙等实物遗存，母亲为此又阅读了很多有关汉代的典籍资料，她想为营造学社研究汉代或更早期的建筑史学，做些文献方面的准备工作。她从史语所图书馆借阅了很多书籍，比如《史记》和《汉书》等。

在四川期间，学社在当地的考察和测绘证明，除少量汉阙外，汉代建筑物已无法找到地表以上的遗构。1939年秋季前后，父亲等营造学社成员从昆明到四川考察古建时，发现了东汉时期建造的古墓。这些汉墓以及同时发现的汉阙都有着极为重要的汉代建筑史学研究价值，为研究唐代以前的建筑提供了实物资料。其中的石柱和柱础，特别是石头斗栱和石刻装饰都反映了那个时期中国建筑的基本特征。

到了李庄，在当年四川考察的基础上，爹爹他们想以汉墓中的石构为实证，进一步解析汉代的建筑。母亲在重病中认真研究汉史，为研究汉代建筑和文化提供了大量的历史背景与风俗细节的文献佐证。

作为建筑师的母亲一向重视人和建筑物的关系。她总要认真细致地考虑各种建筑物中人的居住方便和环境审美需求，她对无论是古代还是现代人的物质和精神生活都比较注意。妈妈常常情不自禁地用一种作家的眼光观察人生，因此，她对"人"的理解比一般人更能深入精神层面。她在读史的同时，会从建筑师和作家两个方面，同时切入古人的生活。爹爹曾调侃，妈妈那时简直像"一位见多识广来自汉朝的小姐"。

爹爹谈及四川汉墓研究，向友人介绍说："我们在这里也开始勘察四川的汉墓，几乎在这里的任何地区，在岩石山坡上，都发现了大量的汉墓。我们的现场勘察成果丰硕……"谈到他病中的妻子于病榻之上研究汉代文献，并且已经彻底沉迷于汉代的研究中不能自拔，爹爹不无调侃地说道："此时的徽因自己已经彻底穿越去了汉代。看起来，她正兴奋地在那里结识很多著名的汉代人物——皇帝和皇后，将军和大臣，他们的宠儿和他们的敌人，如今她就像谈论住在隔壁的最好的朋友那般说起他们。她将这些汉代人物联系起来，绘声绘色地介绍他们的习俗、服饰、建筑甚至气质。如果她一直保持这种理解和阅读速度，她很快将会成为一位特别见多识广的来自汉代的小姐。现在，她可以随口为您讲述各种关于汉代早期那些有趣人物的丰富多彩的详细故事。"爹爹担忧呵护着妈妈的身体，同时也很欣赏妈妈的研究发现："徽因已经在床上躺了四个月，她还需要六个月，以此来抑制一下她按耐不住的、过分的好奇心，并防止引发她不时发作的严重支气管炎（哮喘炎），一旦她被允许在床上写作，她或许还要列出一系列汉族历史的语录，那是她从壁画上得到的——提到那些壁画，那里描绘了大量的生活场景。汉代人似乎特别喜欢在墙壁上作画。徽因做的这些记录，真是有趣极了。"

同母亲一起读书

妈妈的病情时有反复，稍微劳累就会发烧。但在这种状态下，她仍坚持阅读了大量的文献典籍，除了汉代史书，妈妈还阅读了一些英文书籍。史语所一位名叫高晓梅的研究员，与我三叔梁思永是同事，参与了安阳考古发掘的工作。她的中国历史知识非常丰富，英文也很好，她非常热衷阅读小说，也拥有很多英文小说，妈妈就从她那里借阅一些。其中有一本，是英国著名传记学家斯特拉齐（Lytton Strachey）写作的《维多利亚女王传》。斯特拉齐的语言简练生动，我记得那时妈妈对他的英文颇为欣赏，曾让我读《维多利亚女王传》中的若干篇章，以帮助我学习英文。那时已经是1943年，我在家休学自学一年，妈妈那时是我的文学和英文老师，在那以后，我考上了县里的女中，仅上了一年初中之后，我又直接考上了同济大学附属高中。同济附中以德文授课，我便白天在学校学习德文，晚上回家同妈妈学习英文。

斯特拉齐是一个传记学者和作家，他写传记时非常注重描写人物的个性，能够从一个作家的角度利用史料，在叙述某些历史事件时，把人物的性格特点清晰地勾勒出来。他的这种写作方法为既是建筑史学家又是文学爱好者的妈妈带来了某种灵感。

妈妈在李庄的病床上也读了不少俄罗斯文学作品，如托尔斯泰的《战争与和平》、屠格涅夫的《猎人日记》、高尔基的《我的大学》等。我在附中的同学常常传看这些作品，妈妈也很爱看。她此前比较熟悉英美作家的作品，这时开始接触相当数量的俄罗斯文学作品。《战争与和平》这本书当时我看的是中文版，妈妈看的是英文版。我们常常就这些书交换各自的看法。妈妈总是很有耐心地听我谈论我自己的想法和意见，然后和我谈她的想法，经过她的点拨，我对书中的人物、场景和寓意都有了更深的理解和认识。

19世纪的俄罗斯文学作品开拓了妈妈的文学视野。她在给好友的信中曾谈到，她觉得1805—1812年的沙俄时代同她自己经历过的20世纪20年代到40年代的中国有很多相似之处。我还记得她与金岳霖伯伯同我坐在一起讨论《战争与和平》中的娜塔莎、安德烈和皮埃尔等人物的性格，教我从一词一句中去品鉴文学的寓意和韵味。

我开始进入同济附中读书的时候，爹爹带着弟弟从诚去了重庆。小弟考上了重庆南开中学，爹爹在重庆加入"战区文物保存委员会"工作。1945年，爹爹在战区文物保存委员会的主要任务是，在盟国军队对日军发动战略反攻时，尽力保护好战区的文物免遭战火的破坏。他们要在军用地图上标明全国各地应该保留的建筑文物，标明文物的具体位置地点，用极简的中英文字说明文物的价值和意义，供参战的中国军队和美国空军参考。父亲带领他的两位助手王世襄、罗哲文先生，整日画图标注，不知费了多少劳动和心血，写成一册文物保护图册，而且是中英对照版的。这本曾经绝密的《战区文物目录》，后来，在1961年成为"第一批全国重点文物保护单位"目录编制的依据和基础。这段往事鲜为人知，也少有人提，当时作为父亲助手之一的王世襄先生在1993年留下了一段文字。他在《梁思成和〈战区文物目录〉》中这样写道：

"纵观全目录，深感梁先生能把这一繁重而紧迫的任务完成得如此出色，全仗他思想缜密，考虑周详，方法科学，语言简明，[目录]非常适合对文物接触不多甚至从未接触过的人使用，真是用心良苦！现在重读反比我当年校对时更加亲切，觉得有一股巨大的力量在推动他那不能站直的身子顽强忘我的工作。那股力量来自他那颗热爱祖国、热爱文物的心。每一页，每一行都闪耀着从那颗赤诚的心发射出来的光辉！"

父亲和弟弟离开李庄以后，家里只有外婆、妈妈和我。已经懂事的我，那时既是妈妈的女儿和学生，也是妈妈的朋友。当我加入了妈妈的朋友圈后，发现妈妈在同朋友相处时，无论对方为何人，都是那样平等相待，那样亲切。我也在不知不觉中，总追随着妈妈的阅读范围，顺着她的思考线索和思维方式去学习。在李庄妈妈的病榻前，是她领着我进入了一个比我日常生活更加广阔丰富的有趣世界，我们一起在那里尽情地畅游漫步。这种漫游也使妈妈从被"囚居"的斗室中感到某种解脱，也让她在受困于病榻上的寂寞心情，得到些许抚慰和激励，我们一起谈天说趣，我告诉她学校里和街上发生的各种新鲜事，她热烈地加以回应，富有激情地点评我带回的所有故事。这段时间妈妈开朗了许多，爹爹说我是妈妈的开心果。

妈妈酷爱大自然之美，因此，她对一切关于自然景色精彩描写的感受都特别真切。她对各种中、英文作品中精彩的文字表达方法有着敏锐的直觉，琢磨得非常细致。她尤其喜爱屠格涅夫的《猎人日记》（中译本）中关于美丽的俄罗斯自然景色的描写，我至今还记得她阅读和谈论这些作品时的喜悦之情和炯炯的目光。

在中国古代文学方面，妈妈特别喜欢读杜甫的诗，尤其是杜甫在战乱年代写的诗。她曾为我比较详细地讲解过《北征》。其中"况我堕胡尘，及归尽华发。经年至茅屋，妻子衣百结。恸哭松声回，悲泉共幽咽。平生所娇儿，颜色白胜雪。见爷背面啼，垢腻脚不袜。床前两小女，补绽才过膝"，这一段由于她的讲解，这些充满对家人真挚感情的诗句变得更加生动真切，令人难忘。"剑外忽传收蓟北，初闻涕泪满衣裳。却看妻子愁何在，漫卷诗书喜欲狂"，这首诗也是妈妈指点我读的，是全家最喜爱的诗句之一。

此外，妈妈曾推荐我读祖父梁启超写的《情圣杜甫》和王国维写的《人间词话》，这两篇也收录在西南联大中文系的课本上。她还向我介绍了沈从文的小说《边城》，极力推荐赞赏沈伯伯对湘西风土人情的描写。

因为病痛的折磨，妈妈已经变得极为瘦弱，这时很难再把她看成一个"美女"。但她仍然非常美丽，内在精神的美丽依然会使她"容光焕发"。这时候能来看她的朋友不太多了，但凡客人来了，大家都十分喜欢听她侃侃而谈。

> 徽因看上去如前早前一般模样，依然充满活力，依然高谈阔论，依然静于沉思，依然担忧人类与自然，也依然迷恋人文科学。虽然相比去年11月她更加苗条消瘦，但大体并无改变，她还是从前的那个徽因。如今她正渐入恢复期，按常理本该躺在她那张帆布床上安心休养。但千奇灵感总是萦绕占据她的内心，令她总是按捺不住病床之上沉寂。此刻她岂肯乖乖地就范于她的病榻之上，俨然她又获得了当初的能量，不时摆出她那高谈阔论的授课架势，一会儿佛祖塑像，一会儿其他……从希腊风格到她目前家庭，滔滔不绝。不仅如此，这几天她又出现了些新气象……她现在已是全身心地浸泡在汉朝里了，无论你同她谈到任何事情，她都会情不自禁地跳到那个遥远的朝代中去，以至于如果没人硬拽她回来，单靠她自己怕再也难回到我们这个现实世界里来了。今天我们这个时代的男子看来很难同那个遥远时代的淑女们进行较量，我们深感失败。不过我们还是可以相信，当她偶尔回到20世纪休假或歇脚的时候，我或许

还会有些机会同她讲讲现在周围发生的事情和消息。

引自金岳霖1944年致费慰梅的信

那段时间，每逢傍晚之时，中央博物院的曾昭燏小姐常来看妈妈，她们俩在阴冷的李庄小屋中，从黄昏时刻开始漫谈，我常常是她们旁边一个忠实的小听众。

太平洋战争爆发后，爹爹和妈妈的美国朋友费正清到重庆工作，他常寄美国驻港总领事馆新闻处（美新处）的英文新闻稿给妈妈。虽然这些新闻稿寄到李庄时往往已经是十天半个月以后，但在消息闭塞的李庄，这些仍可算新闻。妈妈很关心当时世界各地的战局，总是非常认真地读这些新闻，有时也作为一种英文学习让我阅读。我还记得她对1942—1943年斯大林格勒保卫战和1942年下半年的太平洋战争中日美"瓜岛"争夺战都特别关注，还曾为我详细讲解这些战役的来龙去脉。

20世纪80年代，当我作为中国新闻工作者到澳大利亚工作时，有一次在一个外交场合遇到了一些当年参加太平洋战争的澳大利亚老兵，同他们谈起"瓜岛"之战。恍惚间，我仿佛又看见了妈妈在李庄向我介绍这一战役的情景。

抗战开始以后，妈妈鲜少进行她的文学创作活动了，仅有时候写一点诗。她卧病李庄时也没有完全停止写诗。我就是在她的病榻旁最初接触到她的诗和其他作品的。她有时也将自己的旧作翻出来看看、改改。就在这一时期，我在她床边读了她已发表的几个短篇小说，包括《钟绿》《吉公》《文珍》和《绣绣》，以及刊登在西南联大中文系一年级课本上的散文《窗子以外》。

我记得那时候我家里还有一本《大公报小说选》，很厚，里面有很多20世纪20、30年代作家的作品。最近我阅读萧乾的文章，才知道那小说选原来是妈妈编的，是萧乾在担任《大公报》文艺副刊编辑的时候，邀请妈妈帮他作的一些编选。妈妈应邀后仔细阅读了文艺副刊的内容，很快就把目录给他了。

我很喜欢妈妈的诗，特别是那些情绪开朗、欢快、浪漫、画面生动、韵律整齐、有音乐感的小诗。我曾将她的一些诗抄在自己的本子上。妈妈不反对我做她的一个小读者，但她当时只把文学创作当作一种个人爱好，或看成只是刚刚起步、远未完成的一项活动，她认为自己的作品在数量上和质量上远没有达到令自己满意的水平。她相对满意的短篇小说是《在九十九度中》，抗战前曾刊登在《学文》杂志。这本杂志据说一共出版了三期，封面由妈妈设计，是两条鱼抱着一支笔，鱼是弯弯的，笔是直的，每期封面的颜色不一样，鱼和笔的颜色也不一样。我还依稀记得她在北平家中设计这一封面的情景。

改革开放以后，1979年的某一天，我和弟弟从诫两人在一起，说起妈妈作诗的事情。那时妈妈已经去世很多年了，距离我读她的诗也已经有30多年之久。我们在抗战时期手抄的诗歌也早已不在了，爹爹曾专门亲手抄录妈妈的诗歌集，"文革"中也被毁掉了，起初我没太在意这些失去的记录，那会儿和弟弟坐在一起聊到妈妈的诗作，忽然间感到怅然若失，像是失去了很重要的东西。我与弟弟坐在那里回忆妈妈的诗，一起背诵起来，其中有一首也是我最喜欢的——《山中一个夏夜》。

山中一个夏夜

山中有一个夏夜，深得
像没有底一样，
黑影，松林密密的，
周围没有一点光亮。
　　对山闪着只一盏灯、两盏
　　像夜的眼，夜的眼在看！

满山的风全蹑着脚

像是走路一样；

躲过了各处的枝叶

各处的草，不响。

单是流水，不断的在山谷上

石头的心，石头的口在唱。

节选自林徽因《山中一个夏夜》

我和弟弟顺着背，不一会儿工夫就全记起来了。当时我们两人都很吃惊，怎么过去30多年，我们还能记得这样清楚。我和弟弟其实从未刻意去背过妈妈的诗。我想这是因为她的诗音乐感很好，朗朗上口，很有意境。这首诗是妈妈在香山时候写的，最初我念她的这首诗就在李庄，妈妈的病床前。

和平曙光

1944年，世界范围内的反法西斯战争出现重大转折。在苏联战场，德国侵略军被阻挡在列宁格勒城下，开始节节败退；在法国，英美联军成功登陆诺曼底；在太平洋地区，美国对日本本土进行了大规模轰炸。中国由战略防御逐渐转为战略进攻，抗日战争迎来了胜利的曙光。

这时候，全世界的建筑学家，包括我父母在内，都在考虑同样的问题：战后怎样重建城市？如何避免城市弊病？怎样做城市规划？这一年夏天，父亲接受任命，作为"战区文物保护委员会"副主任去了重庆。他从美国的报刊、书籍上，了解到了欧洲的建筑专家对城市重建的系统研究，这些研究文章包括介绍欧洲一些大城市发展的历史，涉及文化、社会、政治、经济等各个方面，这些城市中的许多建筑在战争中遭到严重破坏，战后皆面临新一轮城市规划、重建和改造的问题。父亲看到这些报道非常激动。他说，这也是我们国内建筑师即将面临的紧迫任务。抗战已

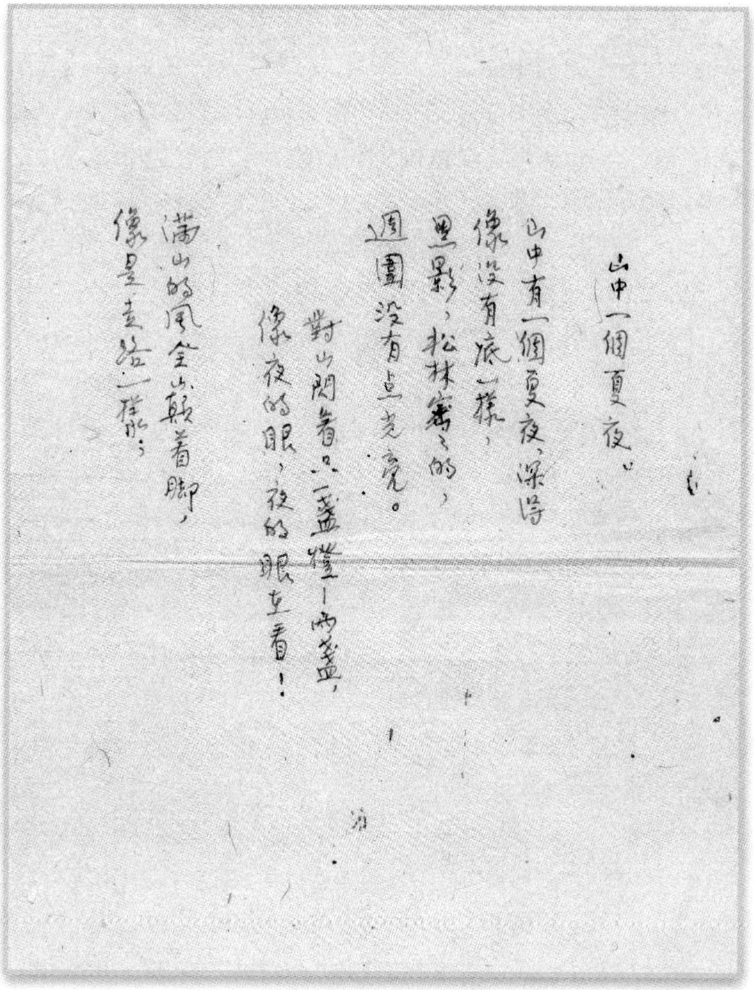

山中一個夏夜

山中有一個夏夜，深得
像沒有底一樣，
黑影，松林密密的，
週圍沒有点光亮。

對山閃着只一盞燈一兩盞，
像夜的眼，夜的眼在看！

滿山的風全山顛着脚，
像星星签一樣。

《山中一个夏夜》林徽因手稿

189

经胜利在望，胜利以后我们将马上要面临战后重新建设的挑战，我们的城市应当抓住时机科学、合理地进行建设和规划，吸取国外的经验教训，不再走他们之前的弯路，避免城市拥挤脏乱等大都市的一些通病。

费正清夫人费慰梅也在这个时期来到重庆，她给爹爹带来了一些美国新出版的建筑方面的著作，其中包含城市规划等方面的新书。爹爹将这些书籍带回家中给妈妈看，两个人兴奋极了，读得兴致勃勃。他们马上联想到中国抗战胜利以后，城市建设中必须考虑城市规划问题，这方面亟需借鉴西方的很多经验和教训。

现在的时代不同了，多数国家都对于人民个别或集体的住的问题极端重视，认为它是国家或社会的责任。以最新的理想与技术合作，使住宅设计，不但是美术，且成为特种的社会科学。它是全国经济的一个方面，公共卫生的一个因素，行政上一个思想，也是文化上一个表现。故建造能给予每个人民应所得的健康便利的住处，并非容易达到的目的。它牵涉着整一个时代政治理想及经济发展的途径以及国际间之了解与和平。但如同其他我们所企望的目的一样，各国社会上总不免有许多人向着那个目标努力。尤其是现在在两次世界大战之后，各国都企望着和平，都认为是眼前必须是个建设的时代，这时代并且必须是个平民世纪，为大多数人造幸福的时期的开始。

向着这个理想，解决人民健康住宅的目标前进，先需要两种努力。一、是调查现存人民生活习惯及经济能力。每城每市按着他们的工商农各业的倾向，估计着他们人口职业的特点及能量，对已有的交通，已有的公共建筑，已有的卫生工程设备，及已有的住宅，作测量调查及统计。然后检讨各方面的缺憾与完满的因素，作为实际筹划的根据。二、是培养专家，鼓励科学工程及艺

术部署的精神，以技术供应最可能的经济魅力且实用的
建造，也使国家人民各方设计的途径相互呼应，综合功
效，造成完美的城市。

引自林徽因《现代住宅设计的参考》

战后重建需要大批建筑师，父亲和母亲在一起常常热烈讨论建筑人才培养问题。这时，由三所学校共同组成的西南联合大学——国立北京大学、清华大学和私立南开大学，已经开始着手准备战后返回各地。1945年3月父亲在重庆致信清华大学校长——正在主持西南联大校务的梅贻琦。信中父亲说："母校工学院成立以来，已十余载，而建筑学始终未列于教程，国内大学之有建筑系者，现仅中大、重大两校而已。抗战军兴以还，各地城市摧毁已甚，将来盟军登陆，国军反攻之时，且将有更猛烈之破坏，战区城市将尽成废墟。英苏等国，战争初发，战争破坏方始，即已着手战后复兴计划。反观我国，不惟计划全无，且人才尤为缺少。最近十年间，欧美生活方式又臻更高度之专门化、组织化、机械化。今后之居室将成为一种居住用之机械，整个城市将成为一个有组织之Working mechanism，此将来营建方面不可避免之趋向也。我国虽为落后国家，一般人民生活方式虽尚在中古阶段，然而战后之迅速工业化，殆为必由之径，生活程度随之提高，亦为必然之结果，不可不预为准备，以适应此新时代之需要也。"

梅贻琦校长接受了父亲的建议，邀请他为清华主持筹建清华大学建筑系。父亲当时非常高兴，立刻接受了邀请。随后父亲被国民政府教育部任命为清华大学建筑系主任。中国营造学社的其他成员也将随父亲到清华任教。

1945年8月10日，当日本投降的消息传来时，爹爹和弟弟从诚正在重庆，妈妈、外婆和我在李庄，我和妈妈一起再次诵读杜甫的诗句"便下襄阳向洛阳，即从巴峡穿巫峡"，那诗中所引发的共鸣和激动实在难以用语言形容，我们一家人在两地分别庆祝

了这等待了十四年的胜利！

不久，爹爹回到李庄，他和费姨带妈妈去重庆进行身体检查。检查的结果是结核菌可能已从两个肺叶扩展到肾脏，与她那时常常感到膀胱疼痛的症状相吻合。医生的预言是："她也许只能再活五年。"不过，那时除了爹爹以外，妈妈和我们都不知道这个可怕的"预言"。

当时重庆和李庄之间的水道由于正在治理一些急流险滩而暂不通船，妈妈滞留在重庆无法回到李庄。她在昆明的老朋友们，和那时正在重庆工作的美国朋友费慰梅、费正清夫妇的共同倡议下，爹爹决定暂时让妈妈离开气候潮湿阴冷的重庆，到气候温和的昆明去休养一段时间。妈妈在1945年的秋冬之交从重庆飞到了昆明。我那时正在李庄同济大学附中，已读到高中三年级，将于1946年夏天毕业。

1946年初，战后病重的妈妈再次回到昆明，她激动地提笔写道："我终于又来到了昆明！来看看这个天气晴朗、熏风和畅、遍地鲜花、五光十色的城市。"妈妈到昆明后，最初住在张奚若伯伯家，后来曾搬到"唐继尧花园"小住了一段时间。能够同许多老朋友们重聚，互相"报告"分别后的几年中各自的工作和生活，大家感到十分畅快。她在给好友的信中写道："直到此时我才明白，当那些缺少旅行工具唐宋时代的使人们在遭贬谪的路上，突然在什么小客栈或小船中或某处由和尚款待的庙里和朋友不期而遇时的那种快乐，他们又会怎样地在长谈中推心置腹！"

住进昆明城中的北门街唐家花园后，朋友们的关怀令母亲深受感动，她提笔热情地描述了这所别致花园中，那些令人心醉的美妙画面："所有最美丽的东西都在守护着这个花园，如洗的碧空、近处的岩石和远处的山峦，这房间很是宽敞，窗户很大，使它有一种如戈登·克雷早期舞台设计的效果。甚至午后的阳光也像是听从他那安排一般，幻觉般地让窗外摇曳的桉树枝丫把它们缓缓移动的影子映洒在天花板上！昆明永远是那样美，不论是晴天还是下雨。我窗外的景色在雷雨前后显得特别动人。在雨中，房间里有一种难以言状的浪漫氛围。"

尽管她因高原缺氧而时时喘不过气来，但在这里仍过得很快活，时时沉醉在昆明的绿树、鲜花、飞鸟、云天和夕阳中。

妈妈在昆明市养病期间，正好赶上了"一二·一"学生运动，她曾写信给我向我"报道"此事。信中将西南联大学生的示威活动描绘得栩栩如生，读来如临其境，我当时受到那些场景的感召，恨不得立刻加入其中，我告诉妈妈我也要到昆明参加学生运动，但却没能得到妈妈同意。妈妈的理由和我的争辩，至今还如声在耳，历历在目。

在这期间，爹爹回到李庄，他和学社的罗哲文和老莫他们忙着给营造学社的书籍、文件、图片和技术装备分类整理，打包以备发运，等待着一旦运输恢复时，即刻运往北京。

为了避免混乱，民国政府把所有的船只和飞机全都控制起来，他们给无数的部门和机构的搬迁按照次序排号。中央大学排在第1号，营造学社和中央博物馆排在47号。爹爹在给好友的信中道："而第一号的中央大学还不知道什么时候走……在战争结束之前，我们以为我们将会扔掉一切破烂坐飞机走，但现在我们知道我们还得用它们好长时间。"

我们全家人在重庆拥挤不堪的中央研究院招待所住了一月有余，期间我还记得爹爹带着我和弟弟将脏臭不堪的公用厕所刷洗得光洁清亮……

最终我们等到了北归的一天，全家终于坐上一架从重庆直航的飞机，回到了北平。那一大是1946年7月31日。

1945年，抗战胜利后，林徽因重返昆明，与友人在一起

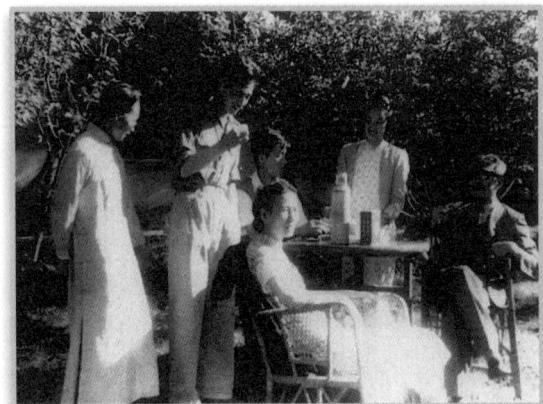

1945年，林徽因在昆明与金岳霖、沈从文等友人在一起

1946年，林徽因重返昆明

（五）

热忱终生

重返北京

我们全家五人在1946年7月31日飞回阔别九年的北平。飞机从狂风暴雨的重庆起飞，穿越秦岭冰冷的上空，最后在毒辣的烈日中降落在北平。我们一家人结束了九年抗战流亡生涯，终于回到了我儿时生活过的北平。

这时，爹爹已接受清华大学校长梅贻琦的聘请，将在清华新创办的建筑系中担任系主任。中国营造学社的其他成员也将到清华任教。飞机在西郊机场落地时，陈岱孙先生在机场安排好了车辆接我们。陈岱孙先生是著名的经济学家，他也是爹爹和妈妈一生的挚友。抗战期间，曾经美丽的清华校园被日军损毁得面目全非，当时半个中国都在搬家。西南联大决定先期派人回清华、北大、南开各校整理校产。在清华校务会上，陈岱孙成为校产保管委员会的主席，受梅贻琦校长的委派提前返京。在恢复重建清华校园的工作上，陈岱孙先生功不可没。

梅贻琦校长的安排很有必要。日军投降之时，清华校园已是满目疮痍。全校屋馆设施损坏高达75%，学生、老师宿舍高达80%。日军将无数化学仪器、打字机搬走，将体育场变成了马厩、伙房，把老师的校舍变成"慰安所"，更让人心痛的是图书馆的藏书，四万多本书籍都被日伪单位瓜分。日军投降以后，却又来了国民政府，国军极其蛮横，封存一切物资，强占清华全部医疗器械、药品，赖着不走。不少百姓感叹道："刚送走了日本鬼子，又来了一帮畜生！"

历时8个月，在陈岱孙先生四处奔走、事无巨细、亲力亲为之下，水木清华终于恢复如故，从西南联大返回北平的清华学子，个个露出不可思议的表情。金岳霖伯伯也说："还是要承认有非常之能办事的知识分子，陈岱孙先生就是这样一位。"校务长潘光旦看到重新修复的校园还曾感叹："九年噩梦，已成云烟，今日归来，恍若离家未久。"

在清华翻修完成前，我们一家的落脚地在宣武门内国会街的西南联大复员教职员工的接待处。这里后来成了北大"四院"，解放后是新华总社的地址。在等待期间，我有时和妈妈去逛宣武门内的旧家具铺，看能否买几件我们可用的家具。我们在这里买了一套颜色还比较好看的旧沙发和橱柜等。

当时为安置等候中的清华复员教职工，陈岱孙和校管会工作艰巨，压力极大。梅贻琦校长与陈岱孙先生竭尽全力为教授们解决燃眉之急。梅贻琦校长在1946年8月曾致函陈岱孙特别为我们一家的住房做出周到安排："昨发一电关于思成住宅者，因正之（吴有训）如不来，其他须两家合住，恐于梁家不便。故可使暂住新南八号。"清华新林院在沦陷时期是日本军队养马的地方，树木和房屋都被破坏得很厉害。1946年10月，直到修葺完毕，我们一家终于搬进了新林院8号。

搬进新居的妈妈非常兴奋，她向好友描述道："能有这样一套属于自己的房子还是很激动，无论如何，这是我很久以来有权使用的第一个完整的房子。而我还可以拥有不同的房间，每个房间都有特定用途，那感觉是相当令人激动的！"我和妈妈此前选择的家具虽然很多是旧家具，但是经过妈妈的摆放搭配，房间的布置看起来很迷人，也很有艺术感。养病的妈妈躺在她的卧室，穿过大厅（透过门厅）欣赏着起居室一角或书房一角，布置好这一切，妈妈得意地说道："我总是要我的房子和家具看起来与众不同，空间多少有些变化，拮据中也要尽可能讲究些，这或许是我们北总布胡同人品性的一种遗传吧。"

父亲这时已经辞去中国战区文物保护委员会副主席职务，启动了在清华大学创办建筑系的计划。父亲同时接到教育部指派他前往美国考察"战后的美国建筑教育"，研究美国大学建筑教学和城市规划等最新趋势，考察西方建筑教学的方法。同时，父亲还收到了美国耶鲁大学和普林斯顿大学的邀请。耶鲁大学邀请他作为客座教授，在1946—1947学年讲授中国建筑和美术；普林斯

1946年，梁思成在耶鲁大学
讲授中国艺术

1947年，梁思成在讨论联合国
大厦设计方案时发言

1947年，梁思成（前排左七）参加普林斯顿大学研讨会的全体合影

1947年，梁思成参与讨论联合国大厦设计方案

顿大学邀请他参加为纪念该校建校两百周年而举行的"远东文化与社会"的国际学术研讨会，并到会作有关中国建筑的讲演。

爹爹从重庆同我们一起回京不久，他即离开北平途经南京往上海，并从上海坐船前往美国，但他这一路的旅途耽误时间较多。他到达上海时曾致电回家，告知："我还滞留在上海，看眼下情况，准时航行会比正常开船更不寻常。启航日期一再推迟，达勒姆胜利号（Durham Victory）'最有可能'在25日启航。"爹爹担心这样他要比计划晚到校数周，他有些焦急。最终爹爹于1946年11月21日抵达耶鲁校园，回到了阔别二十年的美国。父亲在这里用几百张教学幻灯片将多年来的古建考察研究成果，展现在一个国际上能够了解的平台上，让中国建筑语汇融入了世界建筑体系。1947年4月，美国普林斯顿大学庆祝建校两百周年。在举办的系列纪念活动中，爹爹应邀担任了"远东文化与社会"研讨会的主席。来自全世界的六十多位专家学者到会。会议期间，梁思成举办了一次中国建筑图片展，同时作了"唐宋雕塑"和"建筑发现"两个主题学术演讲。会议期间，普林斯顿大学特别授予他荣誉博士学位，介绍词中写道："文学博士梁思成：一个创造性的建筑师，以及建筑历史的讲述者，在中国建筑史研究和探索方面的开创者，也是恢复、保护他本国建筑遗存的带头人"。

1947年，新成立的联合国决定在纽约修建总部大厦，来自全球十几个国家的建筑大师云集纽约。作为中国的建筑师代表，梁思成成为这个由十一位建筑师组成的联合国大厦设计团队的成员之一。在纽约参与联合国大厦设计期间，爹爹住在他和妈妈的老朋友斯坦因家中。斯坦因是美国著名的建筑学家和城市规划专家。1936年，他曾与夫人来北京，由妈妈陪同游览谐趣园。斯坦因对那次的北京之行感到非常高兴也十分难忘。从那时起，父亲就开始关注和思考城市规划这一新课题。如今在美国重逢，斯坦因热情地为父亲写了一系列推荐信，让他参观在美国各地建成和兴建中的新型城市规划住宅项目。爹爹在与斯坦因的交谈中，得到了许多关于城市规划的指导建议和第一手资料。

忙碌之余，爹爹还到哈佛大学看望了他的老朋友费正清和费慰梅，他们相聚在富兰克林小镇家中。刚刚从北京回美的费慰梅转达了令爹爹安心的来自北京的消息——妈妈带着我们一家已顺利住进清华园新林院。父亲同他的朋友讲，不管解放战争结局如何，他都想待在北京。在他的日程上，返回中国之前最紧迫的事情就是完成他的《图像中国建筑史》书稿的编辑与整理。

20世纪30年代，当费氏夫妇还是一对新婚的青年学生时，曾在北平学习过中国历史。在费正清夫妇家中，爹爹和费慰梅连续工作数日，一起校订他的英文版《中国建筑史》书稿。爹爹在1947年离美回国前，把他讲学所用的《图像中国建筑史》的英文大尺幅绘图原件交给费慰梅暂时保存，准备日后配齐文稿在美国出版。但是他没有想到，这套英文版《中国建筑史》的文字和图稿真正合璧在一起出版，却已是遥遥三十年之后。中美断交，中断了文化人员的交往，其间费慰梅虽曾托人在1957年经伦敦把这些图稿带回中国给父亲，父亲却始终未收到它们。直到父亲去世八年后，经过费慰梅坚持不懈的努力，才于1980年在新加坡找回了这些图稿，使此书得以于1984年在美国首次出版。

筹办清华大学建筑系

爹爹离开北平赴美时（1946年夏秋之际），清华建筑系还处于"从无到有"的阶段，一切都必须从零开始。清华建筑系必须在1946年9月新学年开始前做好授课准备工作。爹爹这时虽然远在美国，无法分身，但他此前已经与母亲一起为筹备清华大学建筑系投入了大量的精力和心血，他和母亲曾一同反复讨论磋商筹建计划，因此即使爹爹离开，相关筹备建系工作仍可以按计划如期展开。早在抗日战争结束两个月后，父亲便邀请自己在重庆的助手吴良镛先生到清华执教。他最亲密的三位助手——刘致平、莫宗江和罗哲文三位先生，在此前也已在受邀之列。父亲请吴良镛先生尽早去清华开课，如果遇到困难，可以寻求母亲的帮助。

爹爹赴美时虽然最放心不下的是妈妈的身体，但将筹办建筑系的事情托付给最信任的妻子，又是最能让爹爹放心的事情，他们一起有过共创东北大学建筑系的经验，对艺术文化的理解和对建筑教学的理念高度一致。在这段清华大学建筑系初创时期，母亲也可以说是费心力最多的一位。那时我常在母亲身边，我觉得她是在拼尽全力做这件事情，用尽浑身气力协助筹建清华建筑系。她那时并未在建筑系担任职务，但她完全将筹建工作当作自己的事情，义不容辞地帮助爹爹做了许多前期准备工作。年轻师生都非常亲近她，他们经常齐聚我家，喜欢听妈妈的论述讲解，也得到她许多非常有实效的指点和帮助。

就如同之前很多有她参与并作出重大贡献的学术研究和项目，她没有头衔也不领薪水，然而她却是一位充满号召力的灵魂人物，并全身心地投入。她常常甘心情愿做幕后英雄，对爹爹一生给予事业上的理解与支持乃至支撑。她无私地与挚友晚辈分享她的智慧成果，以其特有的灵感激情启发鼓励他们，萧乾前辈也称她作"啦啦队长"。

饱受病痛之困的母亲这段时间仍以卧床休养为主，精力稍好些时便须操持家务，但她毕竟在沈阳时亲身参与了东北大学建筑系的创办工作，因此给吴良镛先生提出了很多宝贵建议，由吴良镛先生负责建筑系初创的具体组织工作，待1947年刘致平、莫宗江和罗哲文三人抵京后，也即刻加入到建筑设计的教学工作中。从桌椅板凳等琐碎的行政事务，到专业性很强的为初学者讲授建筑课程这样的学术问题，母亲全部都参与其中，贡献了自己所有的学识。尽管她也没有什么确切的身份头衔，母亲仍充满了责任感与使命感。她认为，抗战后的中国需要建设，需要盖房子，需要大批的人才，而清华大学建筑系的建立正好可以培养大批的新生力量，投入国家的建设。50年代后，不到50岁的母亲正式受聘成为清华大学建筑系的教授，后来她又当选北京市的第一届人民代表大会代表，她还是都市规划委员会委员、纪念碑建设委员会委员、全国美术协会会员。

在美国，父亲很重视这次研究欧美建筑教育的机会，也与清华大学的建筑教育有关。他想利用这次访问尽可能多地了解当时西方建筑教学方面的情况，以使新建立的清华建筑系的教学能跟上时代的步伐，有一个较高的起点。他认为清华建筑系的学科建设，要脱出原有课程设计的既定模式，要根据战后产生的城市问题设计课程，其中最重要的一点就是要设立都市规划课程。

他也对20世纪20—40年代之间各国涌现的新思潮、新理论极感兴趣，想为清华建筑系引进新的理念和知识。所以他在美国的一年间，一边讲学，一边搜集了很多国外的新书籍，开阔思路，同时也为建设清华建筑系提供资料。他思考的主要是培养什么样的学生，以及怎样设置课程。在这过程中，他注意到建筑与环境的关系。

过去父母还是学生的时代，主要的任务是设计一栋房子，这时，父亲认为，建筑是不能独善其身的，不能只看一个单独的建筑，还要看到这栋建筑与其他建筑的关系，这栋建筑与周边环境的关系。因此在教学方面，他认为首先要培养一批有这样观念的建筑师和都市规划人才。建筑师不能光懂建筑设计，还要懂得建筑结构，懂得建筑设计如何适应人的使用；都市规划的人才，也就是现在的规划师，不能光懂建筑，历史、地理、政治、经济都要了解。在给建筑系聘请教员时，父亲考虑了这方面，受邀来到清华讲学的如侯仁之教授，尽管当时尚且年轻，但却是研究北京地理、历史方面的专家，由他负责给清华建筑系的学生讲授北京的地理、历史。另外，父亲还认为，除了物质方面的需求，建筑师必须考虑到住在建筑里的人的精神需求，建筑内外设计都需要兼顾艺术方面的要求。因此建筑师还要懂得一些美术，于是他又从中央美院邀请了一些艺术家来给学生讲课，提高他们的艺术修养。

爹爹的赴美访学并未能按时间计划进行到最后。在收到一封来自北京的电报，得知母亲病情急剧恶化需要尽快手术后，爹爹匆匆从美国赶回。回到北京，见到病情日趋危重的妈妈。这时她的肺结核急速恶化，已经从肺部扩散到肾脏和膀胱，必须要做一次肾切除的大手术，亟待爹爹回来作决定。爹爹到家时，妈妈还在低烧不退，医生建议的手术不得不无限期延迟。爹爹从美国托海运带回的礼物里，有一些当时非常时尚的电子小玩意。爹爹是一位非常喜欢动手之人，他酷爱那些具有创新思维的各种发明。他买来这些富有创意的护理装置玩意儿，不仅出于自己的喜好，也为协助照顾卧床的妈妈，安慰她。这些玩意确实给病中的妈妈带来许多乐趣。

爹爹还专门为母亲买了一辆小型克劳斯莱牌汽车。汽车刚刚运抵那天，恰逢周六，是西南联大周年纪念，爹爹一早开车带着我进城参加活动，回来之后，我们载着妈妈开车几分钟就到了金伯伯的新家，他住在我们西边的一座新房子里。随后爹爹又带着妈妈开车去了三姑梁思庄的新房子，后来他还带着妈妈"冒险"进城了，去看钱端升伯伯。这辆车型很小、很适合钻小胡同的小车，极大地方便了妈妈与朋友们来往相见，非常受欢迎。

妈妈这时的肺病已经日趋严重，人前她总像是没事一样，谈笑风生，但是人们一走，她则浑身冒虚汗，半天喘不过气来。妈妈已经愈发知道自己的呼吸状况，随意在房间里走动一点或与人交谈，就常常无法恢复呼吸，不得不尽量掩饰自己的喘不上气。她说："有时我假装在和人交谈时要随意休息一下，尽可能平静少量说话，但实际上我是在偷偷地换气恢复呼吸，那一刻几乎听不到别人讲话。但是有亲友陪伴的时候，我实在过得很开心，虽然让我感觉非常累，也为此吃了很多苦，但如果我把这件事告诉别人，可能以后我就没有了亲友再来'叨扰'陪伴，那我也几乎就没有生活了！"

妈妈是在1947年10月来到四牌楼的中央医院做的肾脏切除

手术。爹爹和我们全家人无不担心妈妈的健康和手术的风险，妈妈却在信中大大咧咧地"总论"一番自己的病情："……别紧张，我只是来做个全面检查。作些小修小补——用我们建筑术语来说，也许只是补几处漏顶和装几扇纱窗。昨天下午，一整队实习和住院大夫来彻底检查我的病历……用上了所有的现代手段和技术知识。如果结核菌现在不合作，它早晚也得合作。这就是其逻辑。"

手术前妈妈还不忘观察打量一下自己所入住的这座医院的建筑："（这医院）是民国初年建的一座漂亮建筑，一座'袁世凯式'由外国承包商盖的德国巴罗克式四层楼房！我的两扇朝南的狭长前窗正对着前庭，可以想像1901年时那些汽车、马车和民初的中国权贵们怎样装点着那水泥铺成的巴罗克式的台阶和甬道。"妈妈的手术由一位老大夫主持，大夫年纪很大，而且手抖得厉害，爹爹有点担心，但用爹爹的话形容就是"他一拿起手术刀手就不抖了，非常稳也很专业"。手术结束后，大夫还把病灶拿给爹爹看，让他了解问题出在什么地方。

临近手术前那段时间，妈妈因为反复发烧，手术一拖再拖，直至等到冬天。寒冷的气候，更让她感到焦虑，情绪也很低落。她希望无尽的折磨能有个结果，无论最终是好是坏，她也怀疑自己是否真能从手术台顺利下来。手术前的夜晚，妈妈给她最爱的大姐（大表姐王孟瑜）写了一首诗——如果她没能下得了手术台，她要和亲人说声再见……

写给我的大姐

当我去了，还有没说完的话，
好像客人去后杯里留下的茶；
说的时候，同喝的机会，都已错过，
主客黯然，可不必再去惋惜它。

208

如果有点感伤，你把脸掉向窗外，

落日将尽时，西天上，总还留有晚霞。

一切小小的留恋算不得罪过，

将尽未尽的衷曲也是常情。

你原谅我有一堆心绪上的闪躲，

黄昏时承认的，否认等不到天明；

有些话自己也还不曾说透，

他人的了解是来自直觉的会心。

当我去了，还有没说完的话，

像钟敲过后，时间在悬空时暂挂，

你有理由等待更美好的继续；

对忽然的终止，你有理由惧怕。

但原谅吧，我的话语永远不能完全，

亘古到今情感的矛盾做成了嘶哑。

引自林徽因《写给我的大姐》，写于手术前

这次手术成功了，虽然术后伤口略有感染，但用药物控制住了。伤口愈合后，妈妈的健康恶化趋势得到遏制，但两肺的功能仍然很差，所以还必须卧床静养而不能多活动。不过这场大手术对妈妈的身体很有帮助。1945年在重庆时，曾有医生断言妈妈活不过五年，这件事当时只有爹爹知道。妈妈最后是在1955年去世的，超出了那位医生的预期，想来与这一场手术不无关联。术后她的身体有所好转，便又精力旺盛地开始了工作。

梁再冰回头看！

从我记事起，爹爹和妈妈就热衷于带着我们游遍北京城。时隔九年再回到这座儿时生活过的古城时，虽能体会到一丝衰败之气，但这座古城的风貌仍有种特别的美感。

那是我们从四川回北京不久的事了。有一天，妈妈和我分乘两辆三轮车到城里去，经过北海前的团城，当我们从西向东过"金鳌玉蛛桥"时，在我后面的妈妈突然向我大喊道："梁再冰回头看！"我回头一看，刹那间恍若置身于仙境。那时恰好是傍晚，夕阳西下，阳光下五彩缤纷的"金鳌玉蛛桥"同半圆的团城城墙高低错落有致，美丽极了！只可惜我当时没有一架摄像机能将这一画面永远留下。后来这桥因"妨碍交通"被另一桥所取代，直至今天，我每到此处总感觉怅有所失，好像到了一个亲人失踪的地点一般。

我们刚搬入清华时，经济条件不好，也没有时间到处去旅游观光，幸而清华离颐和园比较近，所以妈妈有天就说我应当去颐和园看看。但当时妈妈的肺结核很严重，已经侵蚀肾脏，无法和我同行，因此要给我找一个能引导我"正确地"游览颐和园的人。她请清华哲学系的美学教授、邓以蛰伯伯的女儿、邓稼先的姐姐邓三姐带我去。三姐是一位修养极好的国画家，人也长得很美，她带我游览颐和园的"路线"是：从东宫门进入后先到昆明湖边，从正面看万寿山和排云殿，然后便掉转身上山，经谐趣园进入后山，而不走长廊。妈妈对三姐的计划十分赞许，认为那是最佳的颐和园观景路线。当时颐和园很萧条，几乎没有游客，去的那天天气也并不好，刮大风，天阴惨惨的，邓三姐仍教得很仔细，教我应该看哪，不需要看哪。这也是妈妈的愿望，希望以她那建筑师的眼睛、诗人的心灵，引领我们去云游、去观察、去欣赏，热爱世间美的东西，呵护美丽的北京城。

大约在妈妈实施手术的前两个星期，我不忍看到妈妈手术前情绪那样低落和烦躁，为了让她感受一下外面的活力，我想冒险陪她去做些"不必要的活动"。我找了几位我的北大同学，一起陪着妈妈去了趟颐和园，我让妈妈坐在人力车上，我和伙伴们跟着妈妈，一路上有说有笑。到了颐和园门口，我们又雇了一

1947—1948年，林徽因与女儿梁再冰在颐和园

顶可以往返的滑竿抬着妈妈进园参观，这样来回坐轿要七万块钱（注：法币）。我们抬着妈妈直接穿过宫殿来到后山的山顶，这是妈妈最爱的地方，当年她曾带着斯坦因夫妇去过。这次游览大获成功，夜雨之后，天气好极了，可以看到周围数里之外的地方。见到我们一帮年轻人前呼后拥地围着她，妈妈高兴极了，她说她觉得自己简直被我们呵护得像个"大贵族"。

1946年夏天我参加了在北平举行的大学入学考试，同年秋天，我开始到北大读西语专业，入学后便住到了位于沙滩的北大女生宿舍——灰楼。这座建筑是爹爹在抗战前设计的，最初的设计是个方正整齐的三层建筑物，妈妈看后认为有点呆板，便在三层之上加了半层，我恰巧就住在这半层中——面向民主广场的"天字楼"。我平时上学在城里住北大，只有周末和假日才回清华。

妈妈此时的身体状况虽然不好，精神却并不因此稍减。每周我回到新林院8号时都发现，家中又成为一个聚会中心，妈妈依然是聚会的女主人，也是谈话中心，爹爹和妈妈的新老朋友们，他们只要相聚在一起，都保持着喝下午茶聚会的习惯。聚会上的话题十分广泛，政治时局、学术探讨、艺术欣赏或是有趣的人物，内容随意丰富。每个人皆可在这里畅所欲言，气氛融洽而风趣。看着病中刚刚恢复些许的妈妈，看她学着旗人间相互繁复的致意，她一蹲一起惟妙惟肖的模仿逗乐了所有的人。我那时真难想像这是刚刚走下手术台、常常夜里咳喘不止的妈妈。来到这里的有各种年龄的清华大学不同系的教授、教员和学生们。其中不仅有妈妈和爹爹的老朋友们，比如，住在清华新林院的张奚若、金岳霖、陈岱孙、钱端升和周培源教授以及他们的家人，还有建筑系的教师和学生们。外语系的教员王佐良和周珏良等先生也是常客。他们非常喜欢同妈妈就中外文学著作交流看法，妈妈也希望从他们那里得知当时文学思潮方面的一些新动向。我回家以后会旁听他们的对话，他们什么都谈，有时候谈建筑、谈都市规划，有时候是谈文学，我就是在他们的谈话中第一次听到艾略特（T. S. 艾略特，英国诗人、剧作家和文学批评家）这个名字的。

1947年夏天，爹爹结束讲学从美国回来了。他看到清华建筑系已初具规模，教学也走上轨道，感到非常欣慰。他从美国带回的关于都市规划方面的书籍立即引起了妈妈的高度兴趣。我记得爹爹和妈妈曾一起兴奋地阅读和热烈讨论刘易斯·芒福德（Lewis Mumford）的著作。有时金岳霖、张奚若伯伯也参加他们兴高采烈的讨论。父亲设想着建筑系将培养出有广博知识的建筑师，"要有哲学家的头脑，社会学家的眼光，工程师的精确与实践，心理学家的敏感，文学家的洞察力……但最本质的他应当是一个有文化修养的综合艺术家。这就是我要培养的建筑师。"妈妈与爹爹虽然经常因为认识不同而争论，但他们的教育理念和教学思想是高度一致的。

爹爹还在美国讲学时，蒋介石政府在解放战争中终将失败的颓势已经显现，爹爹的美国朋友们问他今后是否将留在国内，爹爹毫不犹豫地回答说，共产党也是中国人，战后需要建设，他愿意为此尽力。

我在北大学习期间，妈妈有时翻出她的一些未发表过的诗作进行修改，也曾写过一些诗，让我进城上学时，将这些书稿送给当时在北大中文系任教的沈从文伯伯，把这些诗刊登在当时的《益世报》副刊上。那时沈伯伯一家住在离沙滩北大西门不远的松公府夹道，我常常在吃完中饭后去他家。他总是兴致勃勃地让我看他收集的各种美丽、精致的小盘儿、小碗儿。后来我看到沈伯伯写的《中国古代服饰研究》《中国丝绸图案》《战国漆器》《花花朵朵坛坛罐罐》等，方才理解他和爹爹妈妈为什么那么亲近。他们在文学上有着作家和读者之间的心灵相通，在美学欣赏和艺术工艺的研究上有着许多共同的话题，更在专业钻研方面投入得旗鼓相当。

解放战争时期蒋管区的物价上涨得比抗战时期还厉害。因此尽管我们回到北平后住房条件大有改善，经济情况仍然十分拮据。"金圆券"出笼以后，物价上涨如脱缰之马，简直无法忍受。购物时需要带着成捆如废纸的钞票，有时只好换点银元保值。我那时在北大吃学生食堂，每月有不足三十斤面粉市价的"公费"，交给食堂后可以吃饭，妈妈还给我一点零钱。清华家里的伙食常常是馒头、窝头、红薯、大白菜、萝卜之类，油水不多。

清华解放

1948年夏天以后，国民党和三青团的特务常在清华、北大校园中横行霸道，逮捕进步人士，搜查教授住宅，我家也未能幸免。此时，人人都感到蒋政权"气数已尽"，日子没法过下去了，中国即将大变。

1948年12月中旬的一天，我在北大"民主广场"西南角的食堂吃中饭。这食堂办得很好，当时恶性通胀已持续了十年之久，要不是在学生会协助管理下的食堂苦心经营，我们的一日三餐都没有保证。我从食堂出来，便见门口竖起的黑板上，向大家通报近期的面粉"行情"，面粉的价格几乎每小时就上涨一次，这可是大家从未见过的事，许多人都聚在那里看。

我也在那，一面看，一面不禁想到清华的家里面缸已经快见底了。爹爹在忙着教书，妈妈长期卧床，我想他们肯定不会想到现在要去买面粉。可是，万一仗打到这里，家里断粮可怎么办？我一边往宿舍走，一路上还在盘算着买面的事情，忽然听到城外传来炮声，而且越来越近了。开始时我还不甚在意，可是那西北方向传来的隆隆炮声越来越响，这时猛然间，一个念头闪过：该不会是从清华那边传出的吧？我赶快跑到灰楼楼下去打电话，却发现电话已经不通了！我急忙问为什么。

"清华的电话线已经断啦！"

天哪！这样快吗？

我像疯了似的立即骑车往骑河楼胡同去。这里有个不大的四合院，是当时清华大学的校车站，那时候每天下午只有一班车从这里开回清华去。我进了胡同，幸而见这班校车那日晚点，还未开走，我跳上此车赶在西直门城门关闭前出了城。在城门口，我看到一队队傅作义的部队正在往城里撤，同时也有一队队行人和车辆往城外走。

那天我到家时天已经快黑了。我在清华园下车后，一路小跑经过旧南院，回到了新林院8号。还没进家门就听家里人声嘈杂。全家人都在，令我特别高兴的是，在城里上辅仁中学的小弟从诫也骑车赶回来了，此外还有建筑系的许多老师和学生们，大家全聚在这里。

人们欢迎我的第一句话就是："你现在已经到了解放区了！"

原来那天中午，清华园北面的圆明园旧址真的打了一小仗。我听到的炮声就是从那里发出的。当时情况还不稳定，有传言说特务们要来"血洗"清华园，周培源伯伯扛着枪和同学们一起在校园里巡逻。建筑系的老师和同学们建议把妈妈抬到大图书馆去以便保卫，但后来又听说特务们已经跑了。他们的逃跑使人们皆大欢喜。

爹爹高兴地说："我们真是解放了！"

第二天仍有敌机来扔炸弹，一颗就落在新林院西面的空地上，一颗落在"工字厅"前。我们及时在新林院8号的门厅处卧倒，重温抗战时期空袭时的"功课"。此后，我们就等待解放军来"接管"清华，但是等了许久都没有任何军队进清华园。打开收音机，已经可以听到新华社的广播，可还是仍见不到一个解放军的影子。后来才知道解放军就驻扎在香山，学生派了代表去请，只捎回了这样一句话：学校是学习的地方，军队不进驻学校。这时爹爹妈妈和许多教授伯伯们才首次体会了"三大纪律，八项注意"的含义。教授们议论开了：这样的军队，真了不起！

后来终于来了一些解放军，是一个部队文工团来为大家演出节目。我和弟弟一起去看了《白毛女》《血泪仇》和《杨勇立功》。妈妈也蛮有兴致地同我们年轻人一起去看，并且对演员们的表演、简单而不庸俗的布景和服装等颇为赞赏。

后来我还听爹爹说，在北京正式解放前，一位军官曾给他一份地图，请他在上面标出不得不使用大炮时必须加以保护的珍贵建筑和文物，据说这就跟他在重庆时交给周恩来的文物保护清单起同样的作用。爹爹为解放军的这一周详考虑深受感动。

南下参军

大三年级下半学期开始了，我又回到了北大。上课以后，当时很多同学都走了，有的去参加工作，有的去参加解放军了。当时解放军第四野战军在北京招收一万名大学生和知识新青年，组成一支由大学生和高中生组成的"南下工作团"，即刻开赴南方，开展那里的解放工作。我所在的北大有很多人报名参加，我的同班同学、同屋人很多人都去了。当亲临目睹了"清华解放区"，我的心里也开始浮现出一连串的问题，我迫切地想寻求一个明确答案。总之一言以蔽之，那就是：我想更多地了解共产党和解放军。

我永远忘不了自己碰见的第一个解放军战士。他是那样的健康和年轻，面色红润，几乎像个大孩子，棉衣虽然不是新的，却很整洁，神态纯朴憨厚，目光明朗而自信。他当时担着两桶水从我面前走过，我不禁怔住了：这是一种新的兵！我觉得这支部队是我从来没有见到过的军队，有着从未有过的精神面貌。我在北大时也曾跟随北大剧艺社到门头沟煤矿演出，亲眼所见那里煤矿和矿工们的艰苦生活，我们按照老矿工的介绍，临时编演放映矿工生活的节目，非常受欢迎。那次矿区演出对我震动很大，让我更加迫切地希望走出学校，为老百姓做一点事。

过去我一直都非常信任父母，不管他们告诉我什么，我总是相信和接受他们的意见。但是这次，我觉得在解放军与共产党这

216

1949年，梁思成（后左二）、林徽因（前中）
送梁再冰（前左一）参军前于北平合影

个问题上，我的父母对他们的了解也不比我多。我觉得该是我自己走出校门，走向社会的时候了，我要去了解这支新的军队。

这时我的北大同学们也向我建议："你也来吧，同我们一起加入南下工作团吧。"若在两个多月前，这种"离家出走"的事情对我还是不可思议的，可现在我必须认真思考了。我经历了一番相当激烈的思想斗争。一方面我担心经此一次，会和爹爹妈妈在思想上产生隔阂。我预感到参军以后我的思想会发生变化，担心他们不会像年轻人那样容易接受新的思想和生活的改变。

另一方面我对爹爹妈妈的身体状况也很是担忧。抗战时期在后方辗转流离的生活，日益恶化的物质条件夺走了他们的健康，妈妈结核病复发后卧床多年，爹爹的脊背有病，已经佝偻得很厉害了。我感到不安，也非常不忍心离开他们。

但是，外面的新生活的吸引力是很大的，我最终还是下定了决心，我要离开北大参加四野"南下工作团"。爹爹和妈妈对我的决定感到十分意外和突然。最初，妈妈是不同意的，她要我至少等到大学毕业后再考虑参加工作；爹爹也劝我别走，他可能想到了医生"预言"妈妈最多再活五年的话。当时这场辩论使我很痛苦，因为我确实也舍不得离开他们，但我和爹爹妈妈最终还是达成了妥协：我答应在一年以后回到北大，继续把大学读完。

我参加南工团后住在东四华文学校旧址，我和许多学员们一起睡在地板上。不久后我被调到新华社新闻工作队，准备南下汉口。临走前，妈妈带着毛巾等生活用具来看我，坐在我的铺盖上，待了很久。

国旗、国歌、国徽

1949年5月上海解放后不久，汉口也解放了。我们在汉口解放的第二天坐卡车进了城。不久后，我开始在汉口的四野总分社学习当编辑。我经常编写战地记者发来的稿件，也被他们笔下的战地生活所感动，其中有位我很熟悉的名字：于中干。终于有一天，我在武汉见到了这位久闻其名的小伙子，他一身整齐的军装，文雅帅气。我们一见如故，相互吸引，他后来不仅成为与我相伴一生的伴侣，也是一起在新华社从事国际报道的同事和知音。

我到部队后，妈妈经常来信。有一次她来信说，她和爹爹都"参加了工作"，他们也已经"穿上制服"，这使我感到十分惊讶也很欢喜。

1949年9月29日，在第一个国庆节前两天，爹爹写了一封长信给我，告诉我他参加了第一届政协会议。我在汉口接到了父亲这封热情奔放的来信。其中许多段落和字句我后来几乎都能背诵出来。从这封信里我发现，爹爹的思想同我走前大不一样了。第一次政协会议是在中南海怀仁堂举行的。他先是参加怀仁堂的修

梁再冰与爱人于杭（曾用名"于中干"）
合影

茸和布置工作，包括装修、布局等，随后，出乎意料的是，他还成为特邀代表参加政协会议。

爹爹在信中写道："我得以参加这个开国盛典，实在感到光荣与兴奋。当两个月前我设计改造中南海怀仁堂会场时，再也想不到会来坐在这代表席上的。"

"在一次讨论国旗、国徽、国歌的会中，我得以进一步认识了毛主席。"

在讲述了这次讨论中的民主气氛以及他自己在选国旗图案中所发挥的作用后，爹爹又写道："关于国歌之选定，张（奚若）伯伯同我可以自夸有不小的功劳。那是我首先提出的，同时也有许多人有那意思。那是九一八以后不久之后，而在抗日期间极有功劳的一首歌。也是这次大革命开始的一首歌。有人主张改词，我认为不必。我说，法国《马赛曲》就是一首军歌，也有'打倒昏君暴主'之辞，是历史性的歌词……我们虽已过了'最危险的时候'，也不是'做奴隶的人'，但那是历史性的。于是我的主张得以胜利的通过。当晚散会之前，我们围着毛主席高声同唱第一次的'国歌'，高兴兴奋无比。那是最可纪念的一夕。"

我看到这里时，脑海中立即浮现出他在长沙指挥我们唱这首歌的情景，心情也不禁激动起来。

爹爹的信中又道："我这几个礼拜来，整天都在开会，在机宝贝的孩子：

如此容易，得了一会空闲，趁便写封信给你。

今天是政协开会的第八天，趁此较早，晚上也没有小组会，晓会等。可是又赶不回诗笺，在招待所中空闲一下子。

我以参加这个开国盛典，实在感到光荣与兴奋。差不多两个月前我设计改造中海怀仁堂会场时，再也想不到自己会来坐在这代表席上的。这个大会议中，有工人，有农村妇女，有各党派，有文艺和学术界，有各民族，有九十岁的，有廿二岁的，各方面各阶级的代表。三个阳朔英雄的女代表，正式会前多次分组，又混合分组的讨论，各不同的说头主场讨论协商，修改，增减，而产生的，真是一个真正民主真能代表全国人民意见的文件。会场一段的通过表决是必然的。

各代表的签字中，以各民族代表，最後起义军人，和最後学术

梁思成致梁再冰信关于政协会议（1949年）（一）

界的最实在，最勃脍，最有意义，我们将铁铁的毕使，意志最合人兴奋。

在一次讨论国旗国徽国歌的会中，我心进了一次的认识了毛主席。以前只觉其伟大，这一次会之後才知道他是多麽随便多麽和霭可亲。关於国旗图案之徵求选定，我们已闹过好多次会了。其中说黄条代表黄河，後来有人说黄条将旗画分为二条徵不统一不好又有一個圖案是红旗左角一黄星，星之下一黄条画黄旗之全长；设计人将条左诡缩短是星之下。小弟难看，不美观，是郭沫若的主意，且以毛主席图案之折，痛论其不好。我一看不好了，接着图回来将旗送圆案徵求意，同时还有许多人也反对微微美，左会里有许多人也反对此圆。後张治中说那黄条是孙猴的金箍棒，也有人说是一根扁担等…。

於是在廿六日大会之後，在毛主席家中召开圆旗圆歌圆徽示组擴大会，

诸位首长——朱德，周恩来，刘少奇，李立三，和诸位古时——陈毅，刘伯

诚，聂荣臻，贺龙等等都参加。在大会席中毛主席在客人中走来

走去的谈话，看见张治中，他说"听说你不肯来那振念捧棒！"

大家大笑，后来同郭沫若说，"我们的黄河党怕要解散了！"。

毛泽东他说，此国有许多人反对，本身就不能取得统一的意见，如何

能使宅家徽菜人民的团结呢？"后来他提现在所发表

的五星旗，——那是应陶孟中列入最诛修连图案之一。

大家都同意。

后来吃饭，共三桌，一桌毛主席做主人，一桌朱，一桌周，黄没有一

客气的让坐，"我们年青的都挤去专用桌来桌上"，吃到一半，

上来一盘回锅肉，其中有一味是大红辣，一锅肉，其中有一味是大红辣

椒，可毛主席急忙把盘到我们桌来，指着辣椒说，"这是革命菜谁不吃

梁思成致梁再冰信关于政协会议（1949年）（三）

222

关於国歌之遴定，张奚若同我亦自诩有不小的功劳。那是我首先提出的，同时也有许多人有功劳。那是九三以後不久製成，而去找日期甚有功劳的一首歌。也是这次革命闹娘的首歌。方人毛张改词，我证为不必，我说词，说这国已是第三第四共和国，字也没有改了，可是歌词仍不改。我们骂赛曲就是雪耻，辞中为苦所附庸君孟也之词。可是歌史性的歌

维也讷"，最危险的时候"这不是"你改得好"，但那是历史性的。我们"苏联国际歌中"也去说吴�|寒去追的人们"，他们早已不怵不寒了，仍是同样的唱。不必改了。周男素也说，政个人家还是唱他唱惯了的旧词的，我看也不必改了！但是我的主张以胜利的通过。吉晚教逃前，我们围着毛毛席高声同唱第一次的"国歌"，而此紧奋莫此。那是一個愚乃纪念的一天。

我这几个礼拜来，整天都在开会，在机构的组织和人事方面着忙。四
八方来拉东蒸西来此京，组织以营建系师事务所。组织
会的企划局，并对……技术工作会由姊妹系指挥，经其成，托你的妈姊姊他们
不肯开交，我真是又心疼又焦急，但是工作一多……的通迅着的前途，累
张兴奋到之极，同时也甚为通过，许多人事和技术的困难，信脾脸要
时势方的青克疲眼，所以有时又气又恼！妈妹疼了许多，但精神倒好。
闹今期向我们（代表们）都集中在一个招待所所住。恰巧我与钱俶
被派同住一个房间。我们的招待所就在经东如同之南，所以每天
都到饭家吃早点，午晚饭则吃招待所的饭。我已回清华两次。妈
今明天可以完了，后天有中国大庆说，我们新到北
内上去。各校已准到的准备。去年门庆匆匆布置一新。金的也将参加这
你们一定也有些大的庆祝典礼吧。
我们甚念你们。

爸、妈等。

一九四九.
九·廿九.

梁思成致梁再冰信关于政协会议（1949年）（五）

1950年，梁思成（左三）与华罗庚（左一）、老舍（左二）、
梅兰芳（右一）讨论《中华人民共和国宪法》草案

构的组织和人事方面着忙。四面八方拉建筑师来北京，组织公营
建筑师事务所；组织都市计划委员会的企划处，等等。技术工作
全由妈咪负责指挥总其成，把你的妈咪忙得不可开交，我真是又
心痛又不过意，但是工作一步步逼迫着向前走，紧张兴奋热烈之
极。同时当然遭遇许多人事和技术的困难，伤脑筋，费时费力地
去克服，所以有时又气又恼！妈咪瘦了许多，但精神极好。"

我从爹爹的来信中感受到了他和妈妈从来没有过的一种欢欣
鼓舞、奋发昂扬的精神，会上那种团结、民主的气氛深深地感动
了父亲，使他的心完全对党开放了。

1950年6月底，我从汉口新华社四野总分社调回北京新华总
社工作。走向清华园时，我的心情也愈发不能平静，即将见到
爹爹和妈妈，他们见到我会是怎样的高兴和激动呢。可是回到
清华园的家里后，客厅的情景使我大吃一惊：到处都是红、金
两色的国徽图案——沙发上、桌子上、椅子上摆满了国徽，好
像这里已经成了一个巨大的国徽"作坊"。这时，清华建筑系的

225

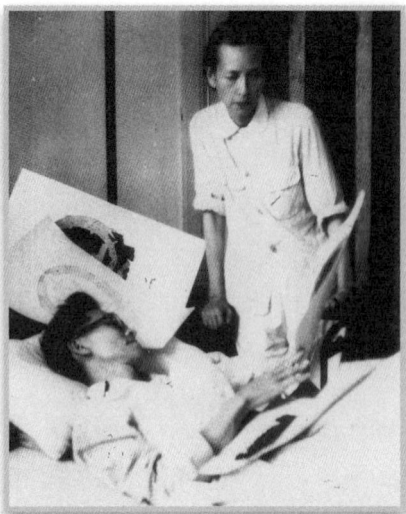

1950年，梁思成病中与林徽因讨论国徽方案

清华大学国徽设计团队与国徽方案合影

国徽设计方案刚刚通过，包括父母在内的全体师生，他们个个都是兴高采烈，干劲十足。他们正在计划将平面的国徽图案变成立体的浮雕形式。这时清华建筑系一位名叫高庄的教授是美术专业出身，他十分专业、敬业，在平面变浮雕的过程中投入了很大的心血。

那段时间，父亲和母亲整日全神贯注地埋头工作，似乎将其他一切都暂时忘记了。我回来以前，妈妈整日给我写信，催我回家，想念我想念得不得了，可是我回来后却觉得自己南下参军对她就像只是去街上买了一趟东西似的。那时，我觉得妈妈已经完全忘记了她自己是一个身患重病的病人，她周围的人往往也不太把她当病人看待，她与爹爹的全部精力都投入到国徽的设计上了。

新林院8号客厅中的气氛也变了。原来喜欢到家里来聊天交谈的人很多，这时候，家里变成了一个巨大的"工作间"，建筑系的师生们川流不息，来来往往，每个人既紧张又激动。我那时住在城里，不一定每周回家，但每次回去都能感受到家中浓厚的"国徽气氛"。

国徽的设计是清华建筑系师生集体智慧和个人艺术才能的完美结合，凝聚着参加设计的每一个人对新生的中华人民共和国的爱。他们在选择颜色上非常慎重，金色与红色是考虑到中国的传统文化和节庆习俗，两种颜色都深受中国人的喜爱。当我们的国徽终于挂在天安门城楼上的时候，我觉得在那个红色中有着父亲和母亲的心血，那个金色中也有着父亲和母亲心中的辉煌。这是他们在历经劫难又迈步向前跨越的时候，为我们这个国家和民族作出的又一次奉献。

在完成了国徽设计后，父亲和母亲又参与了人民英雄纪念碑的设计工作。父亲给彭真市长写信建议纪念碑的形式选择，母亲负责纪念碑底座上花纹图案的设计。

在母亲逝世后，纪念碑建筑委员会决定把她亲手设计的一块

227

汉白玉花圈刻样放在她自己的墓前。我由衷地感激当年碑建会的这一决定，因为在"文化大革命"期间，由爹爹设计的、莫宗江先生书写的"建筑师林徽因之墓"这几个字被粗暴地破坏后，我们家人仍可以凭着这方汉白玉刻样在八宝山公墓中找到长眠在那里的妈妈。现在我看到国徽，看到纪念碑，仍常常会想到我的父母，想到他们那一代人默默奉献的精神。

彭市长：

都市计划委员会设计组最近所绘人民英雄纪念碑草图三种，因我在病中，未能先做慎重讨论，就已匆匆送呈，至以为歉。现在发现那几份图缺点甚多，谨将管见补谏。

以我对于建筑工程和美学的一点认识，将它分析如下。这次三份图样，除用几种不同的方法处理碑的上端外，最显著的部分就是将大平台加高，下面开三个门洞。

如此高大矗立的，石造的，有极大重量的大碑，底下不是脚踏实地的基座，而是空虚的三个大洞，大大违反了结构常理。虽然在技术上并不是不能做，但在视觉上太缺乏安全感，缺乏"永垂不朽"的品质，太不妥当了。我认为这是万万做不得的。这是这份图样最严重、最基本的缺点。

在这种问题上，我们古代的匠师是考虑得无微不至的。北京的鼓楼和钟楼就是两个卓越的例子。它们两个相距不远，在南北中轴线上一前一后鱼贯排列着。鼓楼是一个横放的形体，上部是木构楼屋，下部是雄厚的砖筑。因为上部呈现轻巧，所以下面开圆券门洞。但在券洞之上，却有足够高度的"额头"压住，以保持安全感。钟楼的上部是发券砖筑，比较呈现沉重，所以下面用更高厚的台，高高耸起，下面只开一个比例上更小的券洞。它们一横一直，互相衬托出对方的优点，配合得恰到好处。

但是我们最近送上的图样，无论在整个形体上，台的高度和开洞的做法上，与天安门及中华门的配合上，都有许多缺点。

（1）天安门是广场上最主要的建筑物，但是人民英雄纪念碑却是一座新的，同等重要的建筑；它们两个都是中华人民共和国第一重要的象征性建筑物。因此，两者绝不宜用任何类似的形体，又像是重复，而又没有相互衬托的作用。天安门是在雄厚的横亘的台上横列着的，本身是玲珑的木构殿楼。所以英雄纪念碑就必须用另一种完全不同的形体；矗立峋峙，坚实，根基稳固地立在地上。若把它浮放在有门洞的基台上，实在显得不稳定，不自然。

由下面两图中可以看出，与天安门对比之下，下图（图一）的英雄纪念碑显得十分渺小，纤弱，它的高台仅是天安门台座的具体而微，很不庄严。同时两个相似的高台，相对地削减了天安门台座的庄严印象。而下图（图二）的英雄碑，碑座高而不太大，碑身平地突出，挺拔而不纤弱，可以更好地与庞大、龙盘虎踞、横列着的天安门互相辉映，衬托出对方和自身的伟大。

（2）天安门广场现在仅宽100公尺，即使将来东西墙拆除，马路加宽，在马路以外建造楼房，其间宽度至多亦难超过一百五六十公尺左右。在这宽度之中，塞入长宽约40余公尺，高约六七公尺的大台子，就等于塞入了一座约略可容一千人的礼堂的体积，将使广场窒息，使人觉得这大台子是被硬塞进这个空间的，有硬使广场透不出气的感觉。

（3）这个台的高度和体积使碑显得瘦小了。碑是主题，台是衬托，衬托部分过大，主题就吃亏了。而且因透视的关系，在离台二三十公尺以内，只见大台上突出一个纤瘦的碑的上半段。所以在比例上，碑身之下，直接承托碑身的部分只能用一个高而不大的碑座，外围再加一个近于扁平的台子（为瞻仰敬礼而来的人们而设置的部分），使碑基向四周舒展出去，同广场上的石路面相衔接。

（4）天安门台座下面开的门洞与一个普通的城门洞相似，是必要的交通孔道。比例上台大洞小，十分稳定。碑台四面空无阻碍，不唯可以绕行，而且我们所要的是人民大众在四周瞻仰。无端端开三个洞窟，在实用上既无必需；在结构上又不合理；比例上台小洞大，"额头"太单薄；在视觉上使碑身飘浮不稳定，实在没有存在的理由。

总之，人民英雄纪念碑是不宜放在高台上的，而高台之下尤不宜开洞。

至于碑身，改为一个没有顶的碑形，也有许多应考虑之点。传统的习惯，碑身总是一块整石。这个英雄碑因碑身之高大，必须用几百块石头砌成。它是一种类似塔形的纪念性建筑物，若做成碑形，它将成为一块拼凑而成的"百衲碑"，很不庄严，给人的印象很不舒服。关于此点，在一次的讨论会中我曾申述过，张奚若、老舍、钟灵，以及若干位先生都表示赞同。所以我认为做成碑形不合适，而应该是老老实实的多块砌成的一种纪念性建筑物的形体。因此，顶部很重要。我很赞成注意顶部的交代。可惜这三份草图的上部样式都不能令人满意。我愿在这上面努力一次，再草拟几种图样奉呈。

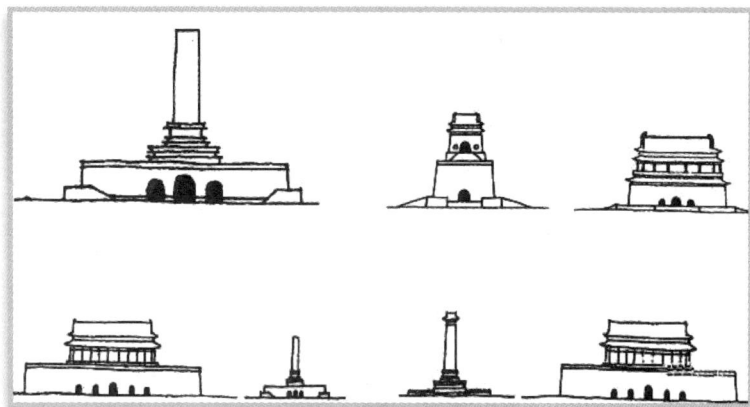

《关于人民英雄纪念碑的设计问题》图一

《关于人民英雄纪念碑的设计问题》图二

231

修建中的人民英雄纪念碑

鸟瞰人民英雄纪念碑

薛子正秘书长曾谈到碑的四面各用一块整石，4块合成，这固然不是绝对办不到，但我们不妨先打一下算盘。前后两块，以长18公尺，宽6公尺，厚1公尺计算，每块重约215吨；两侧的两块，宽4公尺，各重约137吨。我们没有适当的运输工具，就是铁路车皮也仅载重50吨。到了城区，4块石头要用上等的人力兽力，每日移动数十公尺，将长时间堵塞交通，经过的地方，街面全部损坏，必……

　　无论如何，这次图样实太欠成熟，缺点太多，必须多予考虑。英雄碑本身之重要和它所占地点之冲要都非同小可。我以对国家和人民无限的忠心，对英雄们无限的敬仰，不能不汗流浃背，战战兢兢地要它千妥万帖才放胆做去。

此致

敬礼！

梁思成

1951年8月29日

引自梁思成1951年致彭真信《关于人民英雄纪念碑的设计问题》

抢救国宝

　　我的父母都有着非常独特的艺术家气质。妈妈同时也是一位学习美学艺术的先驱。在美国她曾经学习舞台美术，对于服饰、面料、纹饰、图案，以及材质和工艺等都有着不凡的鉴赏力和专业知识。日常生活中的点点滴滴，一块布料、一束花、一幅图案、一个花瓶……都可以唤起她对美的赞叹，触动母亲无时无刻不在的审美爱美的热情。爹爹自诩"拙匠"，他酷爱美术雕塑，有着一双巧手，凡是动手的东西，他都做得尽善尽美。对于那些有形有体、有线条、有色彩、有光影、有质感……那些可以引起视觉美感的东西，他们两人都有着某种超乎寻常的敏感，对于工艺美术也同样都有着共同的兴趣和特殊的热爱。

有一段时间，我回家总听到他们在一起商讨如何抢救景泰蓝"濒危"的困境。妈妈提及她和父亲到海王村，看到因战乱一度萧条的古文化市场又兴旺起来，母亲在一个摊位上拿起一只景泰蓝花瓶，摊主上前推介说，这是正宗"老天利"的景泰蓝，别处已经很难见到了，今天就是在北京，像"老天利"这样的大字号，也已经快要做不下去了。北京的景泰蓝热闹了几百年，到这会儿算是要绝根儿了……这话对父亲与母亲来说振动很大。

母亲和父亲坚定了自己的想法：景泰蓝是"国宝"，决不能让它在新中国失传！于是，母亲与父亲再三商量，决定在清华大学营造系成立一个美术小组，负责抢救景泰蓝这一传统工艺。进入这个美术小组的人员，除了他们曾经一起从事过国徽设计的高庄先生、莫宗江先生外，还有常沙娜、钱美华、孙君莲三人。在小组成员会上，母亲先介绍了景泰蓝的历史沿革与工艺特点，父亲接着向大家介绍了包豪斯学派的理念。他说："包豪斯曾经倡导过，艺术不是一种专门的职业。艺术家与工艺师之间，根本没有任何区别。建筑、雕塑、绘画应是构成'三位一体'的环境艺术，三者都应该转向与工艺的结合……"

会后，美术小组的成员迅速分头下工厂、进车间，展开深入的调查研究。厂房的破败凄凉、艺人的青黄不接、产品的陈旧单调，让他们无不感到一种压力。父母一致认为，抢救景泰蓝这一传统工艺，关键是要全面更新设计，调整生产结构。母亲找来历代装饰图案，他们发现，中国的装饰图案不仅数量多，涉及动物、植物、器皿、图腾、神人、字符等诸多内容，而且始终处在一种千变万化之中。然而，用于景泰蓝的却只有荷花、牡丹那么几种图案，几百年间几乎没有多大的改变。母亲说："任何事物有变化才能有发展。景泰蓝的图案设计很少变化，这也是它不能发展的原因之一。"

20世纪50年代初，画家常书鸿在北京故宫午门城楼举办敦煌艺术展。这个展览，可以说是常书鸿先生在父亲的鼓励下，将在敦煌扎根数年、潜心研究的成果带来北京的汇报展览。父亲从很久以前便对敦煌魂牵梦萦。在李庄时，有一次我听到他对母亲说，他如果今生有机会去敦煌一次，就算是"一步一叩首"也甘心情愿。展览举办当日，母亲由莫宗江先生搀扶着，艰难地登上午门城楼。当妈妈看到眼前这精彩的敦煌壁画摹本，简直惊呆了，随后紧紧握着常书鸿的手："老常呀，感谢你，给我们带回了一个敦煌！"

　　常书鸿先生的敦煌艺术展让母亲兴奋得夜不能寐，也大大激发了她的艺术创作灵感。她与莫宗江设计出了一套以敦煌飞天为题材的景泰蓝图案，作品果真别开生面，成为经典之作。第一批颇具敦煌艺术风格的产品被作为正在北京召开的"亚洲及太平洋区域和平会议"的纪念品，送给与会的国际友人，获得很高的赞誉。在回忆那次创作时，常沙娜老师说："画面上有和平鸽，当时好多人建议用毕加索的和平鸽样式，但林先生坚持说不要，她要我从敦煌图案中去提取。就这样她引导我，把敦煌图案应用到生活和现代工艺中，决定了我后半生走出了一条艺术独特的设计之路。"后来常沙娜还告诉我，当年母亲来到故宫午门看敦煌展览，虽然身体不好，但思路非常活跃。母亲提议要把景泰蓝的工艺与功能进行改进，不要老是宫廷式的，要跟现代生活相结合，比如把景泰蓝制成台灯、盘子，供大家观赏和使用。

　　爹爹和妈妈以及他们的美术小组全力抢救文物遗产，而且大获成功，他们的工作引起了社会的关注，也同时震惊了我。因为我当时曾经觉得景泰蓝这么老派厚重的制品，不是大红大绿就是龙和凤，如何能像妈妈他们说的那般——可以旧貌换新颜，我曾经以为这个愿望或许还要等上很多年吧。爹爹妈妈和他们的景泰蓝抢救小组的确做了非常了不起的事情，他们在短短的时间里，让景泰蓝这个濒临绝境的传统工艺品焕发出新的青春活力。他们的

林徽因纹饰研究手稿（一）

林徽因纹饰研究手稿（二）

236

新品景泰蓝有古玉般透明的温润，有宋瓷的自然，还颇有些锦缎般的质感。他们的尝试可以说是一场借鉴古人艺术工艺创造新艺术的颇有些文艺复兴色彩的探索和开拓。

梁陈方案后

爹爹和妈妈对北京城的热爱，总是令我这个"不懂建筑"的人感到极受感召和震撼。记得有一天，我正在北大上课，爹爹忽然来到学校，兴致勃勃地领着我登上景山。他拉着我飞步走上山顶，要我顺着他指的那条"中轴线"向东、西、南、北方向四处眺望，俯瞰这座美丽城市的完美布局和规划。他对我说："北京城的凸字形平面是逐步发展而来。它在16世纪中叶完成了现在的特殊形状。城内的全部布局则是由中国历代都市的传统制度，通过特殊的地理条件，和元、明、清三代政治经济实际情况而发展的具体形式。北京的体形大部是由于实际用途而来，又经过艺术的处理而达到高度成功的。所以北京的总平面是经得起分析的。过去虽然曾很好地为封建时代服务，今天它仍然能很好地为新民主主义时代的生活服务。并还可以再作新时代的都城，毫不阻碍一切有利的发展。它累积的创造成绩是永远可以使我们骄傲的。"他激动而自豪的声音和所流露出的对这座城市的无限深情，着实深深地打动了我。

> 在中线的东西两侧为北京主要街道的骨干；东西单牌楼和东西四牌楼是四个热闹商市的中心。在城的四周，在宫城的四角上，在内外城的四角和各城门上，立着十几个环卫的突出点。这些城门上的门楼，箭楼及角楼又增强了全城三度空间的抑扬顿挫和起伏高下。因北海和中海，什刹海的湖沼岛屿所产生的不规则布局，和因琼华岛塔和妙应寺白塔所产生的突出点，以及许多坛

庙园林的错落，也都增强了规则的布局和不规则的变化的对比。在有了飞机的时代，由空中俯瞰，或仅由各个城楼上或景山顶上遥望，都可以看到北京杰出成就的优异。这是一份伟大的遗产，它是我们人民最宝贵的财产，难道还有人感觉不到吗？

引自梁思成《北京的城市格式——中轴线的特征》

在建国初期这一段时间以来，父亲思想活跃，他满怀激情全身心投入新中国建设的大潮。北京被定为首都，他写成了《城市的体形及其计划》，提交了他们的"梁陈方案"，他怀着一腔热忱要将北京建成世界一流的文化都市，避免重蹈西方大都市的覆辙。他和母亲对北京城都有着极深厚的情感，然而不久之后，即将在北京全面展开的"大范围的拆除与重建"，让一向平静沉稳的父亲变得坐卧不安，焦急万分。他一反平日的沉静不语，秉笔直言，变得十分"顽固"。他太爱这座北京城了，无法忍受摧毁古城墙那种切肤之痛。父亲是一位心胸坦荡、诚实开朗之人，也少有城府，有着一颗"赤子之心"，有时简单得就像个孩子。

在我的记忆里，有那么一段时间里，每当我回家的时候，总感觉爹爹和妈妈有些闷闷不乐。他们与我聊天的时间也少了，注意力都集中在他们的规划问题上。我当时并不知道他们做了一版城市保护设计方案，父亲与城市规划专家陈占祥共同提交了《关于中央人民政府行政中心位置的建议》的方案，其中，他们提出了先进的城市发展理念，平衡城市原则，即著名的"梁陈方案"。一直到爹爹过世十多年后，我才看到他们的图纸与他们当时提出的建议、说明。现在来看，这无疑是一项非常有远见的建议。可是在那段时间里，我觉得他们非常苦恼，总在讨论、揣摩党和国家领导人对于他们关于北京市的都市规划的意见赞成与否。后来得知，他们的方案提出后，未经太多讨论，中央便直接采纳了苏联专家的方案，重新成立了市委办公厅城市规划小组并

1950年，林徽因与清华大学建筑系部分师生合影

1950年，林徽因与全系师生合影于清华大学工字厅

1950年，林徽因与郑孝燮、周卜颐、王君莲、
李宗津在系馆

迅速开展工作，后来组织形成了北京都市规划委员会。那以后便再没有听说父亲、母亲参与这方面意见的消息了。

那是在1952年前后的事了。

妈妈病逝

无论妈妈病得多么重，我从来没有想到她会离开我们。虽然我知道她的身体已经越来越成为她的一个负担。抗战时期，她的病基本没有得到有效治疗。李庄既没有电，也没有自来水，没有条件做透视检查，也没有肺病的特效药。那时候家里很穷，物价天天上涨，爹爹营造学社经费没有来源，几乎都活不下去了，更没有办法吃营养品——我记得曾经有一位朋友送给她一罐奶粉，小小的一罐，简直就像金粉一样珍贵。抗战胜利初期，妈妈虽然因做了肾切除手术，稍有所好转，但是毕竟已经病得太厉害了。

解放初期，因为清华的教工住宅没有暖气，冬天要靠烧煤炉来度过，病弱的妈妈又格外怕冷，家中必须要生三四个约半人多高的大炉子，全靠爹爹添火管理。繁重的工作和家务劳动，让爹爹的身体也渐渐扛不住了，后来组织上便安排他们搬到城里，在西单附近一处小院住，条件稍好一些。整个小院虽然有暖气，但是烧起来非常热，不烧又非常冷，很难控制，结果住在那个小院里，妈妈的感冒和病状反而更严重了。

1953年夏天，我结婚了。1954年，爹爹妈妈住在这个小院子，那时我刚刚怀孕。一天，我去小院看他们，妈妈忽然从床下拖出一只白瓷大盆，说是她给我的孩子准备的，里面有一大摞她亲手缝制的婴儿小被子和小衣服，她拉着我的手气喘吁吁地说，希望我能喜欢她的手艺。母亲为我准备的这些，我一直用到了第三个孩子出生。1955年，我的第一个孩子（儿子）即将出生时，妈妈住进了同仁医院。因照顾病重的妈妈，爹爹的身体也垮了，同时也住在这个医院。两人的病房相邻，爹爹可以直接穿过一扇门走进妈妈的病房。妈妈住院前一再叮嘱我产后要搬回我们的新家——清华胜因院12号去度产假。她说外婆还在清华，家里还有保姆，可以给我做些饭，这样她才能放心。

我在孩子满月后立即赶到医院去看她。一个多月未见，我一见到妈妈，立即从她的脸色上感到，她快要离开我们了。虽然我一直知道她的身体已经越来越成为她的负担，但她是这样一个"活跳跳"的人，我始终无法将她同"死"联系起来，直到那一刻。

这种感觉使我战栗。深深的自责与后悔情绪顿时笼罩在我的心头：为什么我没有早点注意到她的病情？事情怎么会发展到今天这个地步？为什么我这么晚才意识到这一点？

医生向我详细介绍了妈妈的病情后，我的这种想法更强烈了。

来到病床前，妈妈见到生产后的我却是一副极为欣慰的样子，她高兴地对周围的护士说："你们快看我的女儿，她的身体和脸色多好啊！"

这时，她似乎忘了自己的病痛。我记得她当时还问我，她想坐起来梳头，可不可以。其实她已经没有力气可以坐起来了，但我仍故作愉快地答应了：我不想让她看到我伤心的样子。我还想把孩子抱去给她看一看，可是她是肺病，医院说婴儿无论如何不能进病房。后来实在没有办法，我同爱人抱着孩子赶紧去西单照相馆拍了一张照片。我想至少通过这样的方式给她看一看外孙。但可惜的是，当时洗相片的速度很慢。终究还是没有赶上。

1955年3月31日晚上，同仁医院打电话到新华社通知我：妈妈病危。我立即赶到医院，但她此时已经昏迷不醒，她的嘴唇、指甲都在渐渐失去血色。

我来到她的病床前时，护士问我要不要叫住在隔壁病室的爹爹过来。我像疯了似地喊道："要！要啊！快叫他过来呀！"护士把爹爹搀过来时，他坐在妈妈床前，拉着妈妈的手放声痛哭。我一生从没有见过爹爹如此流泪，此时他一边哭一边喃喃不断地说："受罪呀，徽，受罪呀，你真受罪呀！"

那一刻我觉得，他们的关系是如此紧密，在他们生离死别的这一刻，任何"外人"，哪怕是我，也不能打扰他们的诀别。

死是安慰

个个连环　永打不开
生是个结　又是个结
　　死的实在
　　一朵云彩

长条旅程，永在中途
生是串脚步　泥般沉重
　　死是尽头
　　不再辛苦

一曲溪涧　日夜流水
生是奔逝　永在离别
　　死只一回
　　它是安慰

节选自林徽因诗作《死是安慰》

我对母亲的去世完全没有心理准备，看到她走时安详的样子，我只觉得脑海中一片空白，神志都有些不清楚，恍恍惚惚地，只知道听从长辈们的吩咐。他们先是要我回清华为母亲找一件衣服，弟弟则跟着他们去买棺材。从城里回清华的班车很慢，我便坐了一辆小轿车回去。外婆有些迷信，坚持要找丝质的衣服，不许穿毛的。等我带着衣服回医院时，母亲的身体已经冷硬，衣服穿得很是艰难。父亲则同张奚若、金岳霖伯伯商量，是不是要在香山买一块地。母亲的丧事办得很隆重。她的灵柩到殡

林徽因墓

仪馆的时候，很多朋友都伤心地哭了起来，他们送了很多挽联。我浑浑噩噩地跟在后面，从天安门到八宝山，只不住地想，母亲这是要葬到什么地方去，她这样一个热情、健谈的人，如果去了一个很阴暗的地方，该多难过呀。到了八宝山，我才发现这里环境优美，有树，有草，仍有活力，并不是个阴冷的地方。我这才体会到什么叫作"入土为安"。母亲安睡在这样的地方，我心里好像没有那么害怕了。等我回到家里，内心终于有了一丝踏实的感觉。

当时，对爹爹"复古主义"和"鼓吹大屋顶"等的批判虽然已有"山雨欲来风满楼"之势，妈妈对此也并非全无感觉和担忧，但她毕竟不知道那将是怎样的一场批判。

我后来每每回忆想念母亲之时，虽遗憾她过早地离去，不过也常常会想，此时离去，对妈妈来说未尝不是一种幸运，相比爹爹后来所经受的磨难，很难想像妈妈如果还活着的情形，如此对她来说，也算是种福分了。

妈妈去世四个多月后，在我生日那一天，我收到爹爹这样一封信：

"宝宝，今天我又这样叫你，因为今天是一个特殊的日子，

243

清華大學

宝二:

今天我又这样叫你，因为今天是一个特殊日子，特别是今年，我没有忘记今天。廿六年前今天二时一分，我初次认识了你，初次听见你的声音，虽思很久了，记忆还不太模糊。由医院回家后，左着照片裡我还发现了一张你还是才约二十几天的时候，妈妹抱着你忆她相片，背向还有她写的一首诗，"滴溜溜圆的脸……"

我记得去年今天，你打了一个电话回家，妈妹接的，当时她忘记了，后来她提起，心裡懊悔，难过了好些天。

今天早上我到少年儿童展览，看见了那些苗苗的幼芽，不单使我高兴，而且以到狠大鼓舞。我们下一代太可爱了。早上我本拟打电话给你，我怕你今天可能出不来，又怕你来扑个空，那我将十分难受。因电话离信总处太远，只好让勤务员代话了。

下午楷林宝来看我，立为此画了一张水彩。小叩昨天给我送来纸、笔、颜色，还没有鼓起劲去专画，今天

1955年再冰生日，梁思成致梁再冰信（一）

244

檐铃：来回我用了几个头，我到可以把母这多年生疎的手艺重试一下了。

正义夫，我在读苏联科学院的"政治经济学"，只是随便读一遍，但在五年计划公布以後，配合著读，倒是使含更深一些。

前我天因文章要付不到，急了一封莽麻氣的信，事後就觉得很難过，第三就搁起些信了，大概我的信同你等的些信是同时付邮的。希望你们不需掛念。

宝二，今天我特别挂念你。告诉你，爹二永远是那样疼爱妳的小女儿的。今天不僅在此祝贺你的生日，並且向中幹祝贺，並祝你做一个好媽二。

爹二。

八月廿一日

我星期四（廿五日）将再度上医院複查。

1955年

1955年再冰生日，梁思成致梁再冰信（二）

245

特别是今年，我没有忘记今天。

二十六年前的今天二时一分，我初次认识了你，初次听见你的声音，虽然很久了，记忆还不太模糊。由医院回家后，在旧照片里我还发现一张你还是大约二十几天的时候，妈咪抱着你照的照片，背面还有她写的一首诗，'滴溜溜圆的脸⋯⋯'。

我记得去年今天，你打了一个电话回家，妈咪接的，当时她忘记了，后来她想起，心里懊悔，难过了半天。

⋯⋯

下午杨廷宝来看我，并在此画了一张水彩画，小弟昨天给我送来了纸笔和颜料。但我还没有鼓起勇气鼓起劲儿去画画。今天杨伯伯来给我开了个头。我倒是可以把这些年已经生疏的手艺重试一下。

⋯⋯

宝宝，今天我特别想念你。告诉你，爹爹永远是那样疼爱他的好女儿的。今天不仅在此祝贺你的生日，并且向中干祝贺，并祝你做一个好妈妈。"

我知道，这是爹爹在极度思念妈妈时写的。

国际访问

从20世纪50年代末开始，父亲的社会活动开始增多，他的国际声望以及访学经历，使他经常被选为代表，成为出国访问和考察团的一员。从1953年起他频繁参加各类国际会议。他先是参加了在波兰和东德举行的世界建筑师大会，1958年又去了布拉格和莫斯科。其后，他参加了斯德哥尔摩世界和平大会。1963年，他在一次延长的出国旅行中到了古巴、墨西哥和巴西，在那里，他高兴地与建筑大师奥斯卡·尼迈耶（纽约联合国总部大厦的十一人规划设计小组成员）重逢。父亲最后一次出国访问是在1965年，到巴黎出席主题为"建筑师的教育"

林徽因去世后，孤独的梁思成在
北京颐和园谐趣园养病

梁思成在清华大学
胜因院住宅前

梁思成与外孙在清华大学胜因院住宅前

的世界建筑师大会。在他出访的一路上，我常常收到爹爹的来信，他的信依然还是那熟悉的风格，文字有趣幽默，条理十分清晰，还不时画图说明。我和爹爹一样，无论走到哪里都要看地图，标识我所走过的每个地名，知晓那里的风土人情。这些都是爹爹教给我的本事。

1956年在波兰华沙时，他的心情比较开朗。爹爹在信里说："波兰的行程已经过半了。我们在华沙逗留五天之后，就开始了全国重要城市的旅行。"他还用他那特有的幽默，讲述代表团的行程之匆忙："主人对我们十分殷勤，因此我们这群鸭子就更被'赶'的喘不过气来。我们自称为'鸭子'是再恰当没有了。我们不是鸡，也不是羊。鸡的纪律性太差，一赶就乱飞乱跳乱叫。羊被赶就会飞奔疾驰。唯有鸭子，永远挤成一团，在地上摇摇摆摆地走，就是赶的喘不过气来还是那样大摇大摆的。此其所以为鸭子，亦难乎其为鸭子也。"他在华沙见识了新的城市规划，在近郊参观了一个十万人规模的住宅区，据说是波兰规划最好的一个卫星城。他也会对我讲自己的观察和体会，"过去在'社会主义现实主义'的口号下，波兰的建筑师们也走过复古主义的弯路。现在又180度向后转，又搞起方匣子来了。"显然爹爹在思想上对社会主义建设之路已经逐渐有了准备。

1959年6月，父亲在上海参加学术讨论会，并作发言，会后也寄信同我讲他的发言内容。他在信里写道："我的发言从'适用、经济，在可能条件下注意美观'谈到传统与遗产，反应还不错。现在寄一份给你看，看完还我。因时间匆促，是我口里念，由一个年轻建筑师写下来的。文字未加'润饰'，标点也有错误。看看有什么意见，告诉我。"其实在建筑、规划、文物保护方面，我是个纯粹的外行，也没有什么资格发表意见，然而爹爹视我为朋友，愿意与我沟通交流，让我深感他的平等与亲切。

1955年对爹爹展开的那场"复古主义"和"鼓吹大屋顶"等的批判，虽然当时还算留有余地，没有把他"一棍子打死"。

爹爹对这场极不公正的批判少有抱怨，也很少为自己做过多的辩解，但他不得不因此保持沉默了。正如妈妈所说，爹爹是一位做学问的人，他所有的东西都在他的学问里，如若否定他研究的学问，他还剩什么了呢？在1956年以后的一段时间，我看到爹爹老是出国参观访问，我就想问他，怎么不踏实做学问，也不像从前那么埋头苦干了？感觉那个时候爹爹好像很受挫折，很是灰心。后来想想爹爹的情况，实在很难怪他，既然他所研究的内容皆被定义为"复古主义"，那让他如何继续开展古建研究呢。

实际上，父亲这段时间始终作为人大代表在各地参与社会活动，虽然仅有少量的机会进行古建筑的研究，他也从未放弃过他的研究与追求，并积极搜集城市规划的图纸作研究资料。1962年，他在广西发现了一种特别的柱子，在给我的来信中写道："来到广西已经半个月了。在南宁一周，往玉林，从那里给了你一信，第二天就到容县，没有白跑，发现了一座稀奇古怪的明末（1573）建筑：一座三层的阁，上二层的柱子是吊着的，柱脚离二层楼板约一寸，不落地。这可以说是中国建筑史（乃至全世界）最古的一座耍结构花招的'结构主义'建筑，已经详细测绘，预备到广州去写一篇论文或调查报告。"他还在这里做了一次学术报告，谈了一些关于喀斯特地貌风景区的建设与美化原则，并"扼要地重复了在南宁所谈的一些有关建筑处理的细部的小问题"。到了从化，父亲来信里又重新提起了这一"最古的结构主义"，并说："测绘底稿带来后，照片也已印晒出来，我已经在这里'劳逸结合'地工作了三整天了。多年未操旧业，虽然画起画来，眼有点花，手有点抖，但干得十分津津有味，不能自已了。"看到来信，我为爹爹仍能做自己热爱之事感到十分欣喜。其中，我最喜欢，让我乐不可支的还有这样一段：

"温泉离从化县城14公里，一湾流水（流溪河），两岸青山，一道小坝把溪流河憋成一个小湖，两岸及山坡上大大小小一二十座楼，小的如胜因院12号（注：梁思成在清华的住所），大的有

1953年，梁思成参加中国科学院访苏代表团访问苏联

1956年，梁思成在波兰湖上泛舟

1957年中国建筑座谈会，前排左七为梁思成

1961年梁思成登桂林叠彩山

二三十个房间，如旅馆，主要特征是每室有浴室，澡盆又大又深，放满水坐在里面可没肩，可以坐下八九个乃至十个我。躺也至少可以躺下三个我。无以名之，只好借用峨眉山名胜之一的名字，称之曰'洗象池'！"

　　另一方面，从爹爹的来信里，我也深深体会到，父亲始终放不下他的"心事"——如何完善清华建筑教育体系。他在南宁时，见到了二十几名清华土建系的毕业生，"想了一个主意，约他们见面，并请他们根据几年来工作的经验，对母校的教学工作——从教学计划、课程内容以至教学方法提意见，结果极好，对我们今后改进教学有极大参考价值。"

　　1962年，待学术环境回暖、政治环境稍宽松些后，父亲的文章又逐渐得以在专业杂志和期刊上发表。父亲这时又回到清华，和他的同事助手一起继续他痴爱一生的《营造法式》的研究和整理工作，终于写成《营造法式注释》的文稿。在这之后不

251

久，1965年6月，新华社安排我到伦敦工作。走前，父亲带着外婆来看我和家人，我们在一起非常高兴，照了许多照片。等到那一年的国庆节，我便已在伦敦了，那时我还不曾意识到，在接下来的岁月，在不堪回首的"文革"运动中，爹爹将会遭受怎样的压力和煎熬。

最后时刻

20世纪60年代，包括"文革"前期，我在国外工作了几年。那时候与国内的通信阻碍重重，所以，我对父亲当时的遭遇了解不多。等到我回国时，他已经住进了北京医院。我到医院去看他时觉得，从表面上看，他的变化不大，依然十分沉静，依然满头乌发，只是更瘦弱一些，身体看起来还没有受到过分摧残。但是他的整个状态变了，不爱说笑话了，也不像过去那样有信心和开朗了，有时似乎茫然若有所失。在我看来，他的精神仿佛受到了很深的创伤，我的心头不禁感到一阵阵酸楚……那个时候，他住在医院很少有人探望他，我觉得，他是很寂寞的。

1971年冬天，父亲病重。我同继母林渼同志商量，我们轮流到医院照顾他，因为她一个人的负担太重了。

1972年1月上旬，我同父亲在一起度过了他生命的最后几天。他神智一直清醒，但是晚期心肺病使他的呼吸愈来愈困难。夜间，我看着他独自一人默默地同"死神"搏斗：坐起来，躺下去，又坐起来……而我却不知道该怎样才能减轻他的痛苦。这时，他却突然对我说话了，但气息十分微弱，讲每一个字都很吃力："我相信，马克思列宁主义在中国一定能胜利……"父亲是一般不用政治口号表达自己的思想的，他想对我说什么呢？他是在回顾自己这么多年来同祖国共患难的历程吗？是在试图总结我们民族的历史经验吗？还是想对以马列主义之名蹂躏马列主义的人进行批判呢？我多么希望得到他的回答！但是，父亲不能再说话了。

爹爹与我

爹爹与我的孩子们（自左向右为于江、于葵、于晓东）

1月8日白天，父亲的病情似乎好转了，面色红润，还吃了东西，直到上半夜还很清醒，后来就昏迷过去了，再未醒来。

　　在他临终前几天，华罗庚伯伯和张奚若伯伯曾分别来看过他。父亲很高兴，见到张伯伯时曾莞尔一笑说："呵！奚老……"这一笑，使我仿佛又见到了我所熟悉的父亲。

　　1972年1月9日黎明，父亲永远地离开了我们。

尾声

　　带着孤寂和困惑，爹爹去了！这个时候对他的复古主义批判尚未结束，这实在是一场没有由来的学术政治运动。1955年父亲因为提出在中国的建筑设计中应当探讨如何体现民族形式这一课题而受到批判，虽然没有被"一棍子打死"，却一直被扣上了"复古主义"的帽子。

　　他那时依然被定性为"反动学术权威"，作为"反面"教员时时要进行自我检讨。

　　在他最后孤寂而困惑的日子里，爹爹无奈地检讨和反问自己："我很苦恼，我常想如果再让我从头学一遍建筑，也许还会得出这样的结论。难道真的要带着'花岗岩'的脑袋去见上帝？我后悔学了建筑这一专业。"

　　爹爹用他让人熟悉的笔调，"暴露"了他的"顽固"，或者说是他一生对祖国民族文化执拗的热爱，对建筑人文研究的那份执着与坚持。

　　祖父梁启超曾经对儿子梁思成寄予厚望，他却不曾预见，他引导孩子走上的文化探索之旅，是一条怎样充满荆棘的人生旅途。这位让父亲骄傲自豪的儿子，怀揣着建筑师和艺术家的梦想，可是他为了实现他自己的梦想付出了何其昂贵的代价。

1972年1月12日，在父亲梁思成的追悼会上，我听到悼词中说道："梁思成同志在全国解放以后，热爱伟大领袖毛主席，拥护中国共产党，拥护社会主义，努力从事教育事业，对我国的建筑科学做出了有益的工作。"当时我流着眼泪，感受到了一丝松动，终于听到一种对父亲平反和肯定的声音。

1984年，《图像中国建筑史》终于在美国出版。爹爹当年曾经梦想着出版一部中国建筑史。这个梦想在父母的老朋友费正清教授和夫人费慰梅女士不懈的努力和坚持下，几经曲折最终实现，图册正式出版。当看到书里精美的绘图和文字解说时，我立即想起了爹爹和妈妈在李庄的日子，他们和营造学社同仁们在一盏煤油灯下，完成了中英文版《图像中国建筑史》的内容，看着精致的红色封面，我觉得这本书可以说是用他们自己的血肉之躯换来的。

1986年10月，在爹爹去世14年后，建筑学界举办了隆重而热烈的纪念梁思成诞辰85周年的活动。爹爹的老友、同事、学生七百多人共聚一堂，大家在这一天终于可以敞开心扉缅怀他们这位良师挚友。听着台上那些精彩的发言，我再一次认识了我的父亲，知道了许多他不曾提及的往事，更是感慨在许多年后，他终于得到了公正的评价，得到了人们的理解和爱戴。那天我走上讲台，千言万语涌上心头，竟一时语噎，讲不出一句话，面对台下雷鸣般的掌声，我的泪水夺眶而出，当时我多希望老父能够在身边，能够亲耳聆听这里所说的一切。

每当人们想念亲人，或常常会在梦里与他们相会。而对我而言，走过大街小巷，或去穿越山间古庙，我也常常会与爹爹和妈妈不期而遇。从我记事起，他们就带着我们游遍北京。他们离去以后，每每走过那些熟悉的街道，也会记忆起曾与爹爹在此相伴而行，不时会在心里与他默默对话。

来到景山，顺着当年爹爹的指点，遥望故宫天安门，依稀可以听到他对壮美的北京古城的赞美；见到那些怪异的建筑物，会不自觉地闭上双眼，逃避心中的那种不适与无奈，想起了爹爹的种种深刻而不乏幽默的评述。

走过美丽的北海团城，耳边还可听到老父激动地呼喊上谏，拼全力捍卫这座城中之城。北海的"金鳌玉蝀"牌楼不见了，但妈妈那一声呼喊"梁再冰回头看!"却还余音袅袅，只是再回头已不见了让妈妈赞赏不已、美到极致的那般"仙境"了。每每走到这里就好像到了一个亲人失踪的地点，特别想念他们，总想和他们说点什么。

来到山西大同，终于见到了山西应县木塔，爹爹告诉妈妈那是一座美得无法形容的瑰宝……在这里我看到，蓝天白云下木塔高耸，湛蓝的天空上白云朵朵，许多鸟儿围着木塔盘旋，微风吹动木塔上的风铃摇动着发出悦耳的声响。望着眼前这幅美妙的画卷，脑海里跳动着妈妈的那首《深笑》：

是谁笑成这百层塔高耸，

让不知名鸟雀来盘旋？是谁

笑成这万千个风铃的转动，

从每一层琉璃的檐边，

　　摇上，

云天？

这真是一种美好的感受！父母总是引领我们感受世间的美好。

我最亲爱的妈妈，我最亲爱的爹爹，你们永远活在女儿心中。

1950年林徽因与建筑系首届毕业生合影

50年后梁再冰与建筑系首届毕业生合影

后记

于晓东　于葵

今年正值外公梁思成诞辰120周年，听闻清华大学将举办"梁思成诞辰120周年纪念展览"等一系列纪念活动，建筑学院张利院长和左川老师来家中看望母亲梁再冰，向她正式通报了清华大学的这个决定。母亲听后非常激动，客人走后的当天夜里，妈妈辗转反侧难以入眠，她说："这些天我一直在想父亲的一生，父亲从出生到现在两个甲子过去，他的身影渐行渐远，可老父一生的轮廓却变得日渐清晰完整，这个展览正是我所期盼的，能将他这一生的轮廓清晰地展示出来。"老人翻出父母（梁思成和林徽因）的书信手稿，捧着这些信件，读了一遍又一遍。

在这位女儿眼中，爹爹（梁思成）无论遭遇何种重创，从来都是"男儿有泪不轻弹"，可是他在这些信中所流露出的催人泪下的情感，他对家人挚友的一片深情，让母亲读信时不胜唏嘘，思念之情涌上心头。母亲要我们将这些信件送去清华大学的展览，这些感人肺腑的笔触不仅仅是写给她这位女儿的，也是向后学晚辈情真意切的诉说。同时母亲决定写下纪念她的父亲母亲的

259

回忆录，表达她对爹爹和妈妈的深深怀念，表达她对清华大学举办这些纪念活动的支持。她激动地回忆着那段曾经和父母朝夕相伴的岁月，嘱咐我们在旁记录那些感人的真实故事，希望能留下一本她亲历的纪实书稿，这是她久未了却的一件心事，也是她一直以来感受到的一种责任。

母亲对清华大学和建筑学院有着深厚的感情。对她来说，清华园不仅仅是祖父梁启超、父亲梁思成和母亲林徽因教书、工作的地方，也曾是梁启超家几代人居住的家。虽然她儿时的家并不在清华园，可她的家中长辈（梁思永、梁思忠）和父母最好的朋友，许多都是"清华学生"，如张奚若（长期任教清华政治系，虽自称不是清华学生）、杨廷宝、陈植、童寯、金岳霖、钱端升、周培源、陈岱孙、叶企孙、邓以蛰等。

这是母亲再冰第三次提笔正式撰写文章回忆父母。她三次撰文都是为清华的纪念活动而作。1986年，清华大学建筑系为梁思成诞辰85周年举办了纪念活动，这是母亲在阔别多年后返回一度使她很伤心的清华校园。这次活动让母亲很激动，因为梁思成不再被视为"反动学术权威"，这是来自清华的对梁思成一生的肯定和纪念。对她这个女儿来说，这比什么都重要。她激动万分地为这场活动的纪念文集第一次撰写了回忆父亲梁思成的文章。2004年清华大学举办纪念林徽因诞辰100周年的活动，母亲含着眼泪又一次提笔为纪念册写下了充满感情的回忆文章——《我的妈妈林徽因》。

这一次在纪念父亲梁思成诞辰120周年之际，她非常想再次亲自提笔，为父母两位共同写下更为详实的回忆记录，也为关心梁思成和林徽因的人们留下真实的注脚。对此我们梁林家人亲属、清华大学建筑学院、母亲的老友们，大家都热情地支持鼓励她。只是她现在的视力已经无法自己读、写，行动也无法自理，但母亲此时依然思维清晰，记忆力惊人，想起那些与外公外婆在一起时的往事，犹如爱说话的外婆一般，讲述时也是激动不已，滔滔不绝……所以，这次回忆录的撰写，清华大学建筑学院和我们家人后代决定一起帮助母亲完成这个心愿，尽可能详实地记录她的口述，同时整理她以前完成或未完成的文章书稿，协助她整理出版成这本书籍。这也是她迄今唯一出版的一本女儿视角的回忆录——《梁思成与林徽因：我的父亲母亲》。

其实母亲多年来一直在准备撰写一本自述回忆录，但写作进度总是不甚理想，原因之一是她认为自己非属建筑专业，她应该更多地了解父母的专业之后再提笔。母亲在她退休后开始重新认识她的父母，她带着《梁思成文集》去了太原、五台山、大同、应县、蓟县、宝坻、石家庄、赵县和正定，去参观那些从儿时起便已"百闻"却始终未能"一见"的古建筑，并写下自己的一些感想。也许，这也是她想对外公外婆说的话吧。

另一个原因，我们家后代皆知，对母亲而言，向外人大肆谈论自己的名门家世，本不是母亲的风格。母亲一向不喜谈论自己的"家世"，对外不谈，在家里也很少谈。之所以如此，不仅仅因为有那个年代政治特殊的原因，更因这也是她父亲梁思成的"家风"。母亲告诉我们，外公曾言："最难为名父子。"做名人的后代很累，吃祖宗饭是没有出息的。我们在母亲身上看到的，正是这种发自内心的，做自食其力的普通人，避免家庭被过分关注的平静心情和生活态度。

作为就读于北京大学西语专业、长期从事国际新闻报道的新华社记者，母亲并没有继承父业，但外公外婆留给她的是一种独特的精神遗产。当问及母亲，外公外婆是如何教导她时，母亲回答："最让孩子受教的是看父母怎么做，而不只是听他们怎么说。"她耳闻目睹父母是怎样工作和生活的，她知道他们遇到了什么样的困难，是怎样去克服困难的。在耳濡目染之中，女儿感受到父母坚守事业的执拗精神，学习他们科学而严谨的工作手段，领略他们开阔的国际视野和历史文化积淀，这种独特的人文精神，是父母最重要的传承，是留给女儿再冰最宝贵的精神财富。

近几年，各方面对梁思成和林徽因的关注不断升温，母亲起初对此完全没有思想准备，甚至有些不知所措。但作为女儿，她也不能不面对这一现实，不时也要接受采访和配合相关报道，但她无法接受对父母的商业炒作，也尽可能远离各种文学类创作。但同时她积极参加清华大学、中央电视台纪录片频道等单位举办的纪念活动。她希望通过这些活动能够让人们多了解真实的梁思成和林徽因，从而与他们终生从事的事业产生共鸣，引发人们对建筑专业和文化的兴趣。

她希望通过一个女儿的回忆告诉读者，她的父亲和母亲虽然都出身世家，但并非一生富贵，甚至恰恰相反。抗战前，他们"自讨苦吃"穿梭于极为落后的穷乡僻壤之中，于荒野中风餐露宿，寻访几千幢早已被忘记或遗弃的荒寺古建。战争岁月，他们遭遇研究经费断竭，家中无米下锅，常常要靠"红烧钢笔""清炖大衣"（进当铺）来维系全家人的温饱。但是他们从未退缩，绝境中梁思成和林徽因带领全家携手共度，他们是女儿的精神支柱，更是她心中的楷模。

母亲说："我的老爸梁思成有着迷人的海一般的性格，表面上水波不惊，但在其海面下却深藏丰富内涵。"每当遭遇风浪和危机时，他总表现得处变不惊、从容镇静，自然中带着他特有的自信与坚定。他的这种性格与定力，危机之中给了全家人极大的安慰和支撑，给女儿留下了深刻的印象，也是她日后战胜恐惧悲观的一种内力之源。

母亲也特别提到林徽因的"幕后角色"。她说："尽管妈妈在人前十分闪亮，但她在幕后的角色或许更实在。在与爹爹共同的事业奋斗中，很多有她参与并作出重大贡献的工作，有时她只是'编外'人员，常常没有头衔也没名分，却又是父亲团队中不可缺少的，甚至是灵魂人物。""妈妈是不惜一切，全身心地投入，却心甘情愿做幕后英雄。她对父亲梁思成一生坚守建筑事业给予了最坚定的支持。"

说到自己父辈一代，母亲说："父母有他们共同的，大多是终生的朋友。"虽然朋友们专业各异，但大家志趣相投，朋友之间畅所欲言，思想交流中开阔眼界，争辩之中启发灵感。"朋友也是父亲和母亲人生最大的财富，这些友谊也是他们重要的快乐之源，朋友不能往来，则是他们莫大的痛苦。"

近一段时间为了撰写此书，我们常常与母亲促膝长谈，记录她的口述历史，母亲敞开心扉谈起"家世"，许多事她过去很少说起，听她回忆往事，说起那些感人的场景和故事，我们深切地感受到母亲心里有多么怀念她的爹爹和妈妈。对话中，她常常真情难掩，泪流满面，或一时间陷入深深的思念和冥想中，长久地沉默不语。即便已是92岁高龄，母亲仍随口即可诵读林徽因一首首优美的诗句，看着她自己出生不久的照片——林徽因抱着一个褓褓中的宝宝（再冰），她喃喃自语道："我的妈妈多漂亮啊。"讲到爹爹梁思成，母亲瞥见桌上一碗红烧肉会忽然仰天大笑，她想起了外公的妙语"忠厚"（李庄的饭桌上总有林徽因的母亲一碗反复热过上桌的红烧肉，梁思成叫它为"忠厚"——家常对联"忠厚传家久，诗书继世长"），母亲说"爹爹总是妙语连珠"，他们无话不谈，"他是我老爸，更是老友"。

前些年母亲在学习梁思成与林徽因的专业时也写下了许多文字，却从未示人，大多都静静地躺在她的电脑里。有些学习体会则反映在她多年来陆续参加的一些纪念活动、采访的发言中。近几年母亲已经没有精力接受采访，必要时，她就口述一些情况，由我们整理后答复对方。所幸这些活动都有我们的陪伴，一些正式发言、回答问题，或是有些家中聊天，都留有文字或音像资料。我们希望能借此机会，将这些资料汇集成册。

这本书以真实的口述记录为基础，力求朴实无华，皆以母亲的亲身经历和自述为准。在此期间，清华大学建筑学院同我们一道完成了这份心愿和任务，这令我们家人深受感动。感谢建筑学

263

院各位领导和老师朋友们给予的支持和鼓励，如果没有他们的鼎力相助，并以此展览纪念活动为契机，母亲的书稿整理和出版恐将再度搁置，难以实现。选择中国建筑工业出版社，则是因为他们之前出版的沉甸甸的十卷本《梁思成全集》给母亲和我们家人带来了莫大的安慰和鼓舞。感谢清华大学建筑学院与中国建筑工业出版社为此书的出版和编写提供的特别指导和支持。感谢建筑学院的两位老师庞凌波和潘奕，感谢出版社两位编辑老师易娜和徐冉，她们耗费大量时间和精力，耐心细致地同家人一起梳理繁杂的记录资料，协助撰文编校、审稿成书。还要感谢中央电视台《梁思成林徽因》纪录片编导胡劲草老师所给予的特别支持和具体帮助。

谨将此书献给前辈亲人梁思成和林徽因，献给举办纪念梁思成诞辰120周年活动的主办方和参与者，以表达我们的母亲梁再冰对父母的深切怀念，表达她对清华的感谢，对许多梁思成与林徽因的老朋友的追思和对后来者的祝福。

谨此说明，作为后记。

于晓东（梁再冰之子）

于葵（梁再冰之女）

梁家与林家家庭关系简表

高祖辈	曾祖辈	祖辈	父辈	作者本辈	子辈
梁维清 （高祖父）	梁宝瑛 （曾祖父） 赵氏 （曾祖母）	梁启超 （祖父） 李惠仙 （祖母）	梁思顺（大姑） 哥哥 早夭 梁思庄（三姑） 梁思永（三叔） 梁思忠（四叔） 梁思达（五叔） 梁思懿（五姑） 梁思宁（六姑） 梁思礼（八叔） **梁思成** **（父亲/爹爹）**	梁再冰 作者	于晓东（儿子） 于江（女儿） 于葵（女婿）
	林孝恂 （外曾祖父） 游氏 （外曾祖母）	林长民 （外公） 何雪媛 （外婆） 程桂龄 （二婆） 林天民 （叔公） 王氏 （婶婆）	**林徽因** **（母亲/妈妈）** 妹妹 早夭 弟弟 早夭 林燕玉（姨） 林桓（二舅） 林恒（三舅） 林暄（四舅） 林垣（五舅） 林宣（表舅）	梁从诫 （弟弟）	梁鉴（儿子） 梁帆（女儿）

注：人名后的括号内为作者梁再冰对此人的称谓。

图书在版编目（CIP）数据

梁思成与林徽因：我的父亲母亲 / 梁再冰口述；于葵执笔；庞凌波，潘奕整理. —北京：中国建筑工业出版社，2021.10（2024.7重印）

ISBN 978-7-112-26535-0

Ⅰ. ①梁… Ⅱ. ①梁… ②于… ③庞… ④潘… Ⅲ. ①梁思成（1901–1972）—生平事迹 ②林徽因（1904–1955）—生平事迹 Ⅳ. ①K826.16

中国版本图书馆CIP数据核字（2021）第176635号

责任编辑：易　娜　徐　冉　陆新之
书籍设计：张悟静
责任校对：芦欣甜

梁思成与林徽因

我的父亲母亲

梁再冰　口述
于葵　执笔
庞凌波　潘奕　整理

＊

中国建筑工业出版社出版、发行（北京海淀三里河路9号）
各地新华书店、建筑书店经销
北京锋尚制版有限公司制版
北京富诚彩色印刷有限公司印刷

＊

开本：787毫米×960毫米　1/16　印张：17½　插页：1　字数：222千字
2021年10月第一版　2024年7月第五次印刷
定价：**58.00**元
ISBN 978-7-112-26535-0
（38029）